AF463073

CRITIQUE DU LIVRE

PUBLIE' PAR LES MOINES Benedictins de la Congregation de S. Maur, sous le titre de *Bibliotheque divine de S. Jerome.*

A COLOGNE,
Chez PIERRE MARTEAU.
M. DC. XCIX.

AVERTISSEMENT DU Libraire.

NOus ſommes redevables de cette Critique au neveu de M. Simon, qui l'a écrite ſur les memoires Latins de ſon oncle. Etant mort depuis peu, on nous fait eſperer que nous recouvrerons un grand nombre de Lettres critiques qui ont été brûlées dans l'incendie de Dieppe. Le neveu les avoit preſque toutes copiées ſans en parler à ſon oncle, & il les a données à un de ſes amis avant que de mourir. Nous publions celle-ci, en attendant que nous puiſſions les recouvrer toutes. On nous mande qu'elles feront un volume assez considerable. La plûpart sont sur des sujets de critique; & cette critique regarde principalement les Ouvrages des Peres & des autres Ecrivains Ecclesiastiques. On y traite, dit-on, assez mal les nouveaux faiseurs de Bibliotheques, qui ne font, selon lui, que copier, & méme augmenter les fautes des Anciens. Elles contiennent aussi plusieurs pieces qui n'ont point encore vû le jour, & que M. Simon avoit eu dessein de publier separement, sous le titre de *Bibliotheque d'Anecdotes.*

CRITIQUE
DU LIVRE
PUBLIE' PAR LES MOINES Benedictins de la Congregation de S. Maur, sous le titre de *Bibliotheque divine de S. Jerôme.*

A

*M. L'ABBE' B***

MONSIEUR,

Je me suis trouvé heureusement à la lecture de la Lettre que vous avez écrite à M. Simon, sur le nouveau Livre que les PP. Benedictins ont donné depuis peu au public, sous le titre de *S. Hieronymi Bibliotheca divina.* Comme il est incommodé de sa fluxion ordinaire, il m'a chargé de vous faire réponse. Ce que je n'aurois pas osé entreprendre, s'il ne m'avoit mis en méme temps entre les mains, les remarques qu'il avoit déja faites ſur cette pretenduë Bibliotheque de S. Jerome. Il vous prie avant toutes choſes de remercier vôtre ami, de ce que, nonobſtant les liaiſons qu'il a avec ces Religieux, & méme avec quelques-uns des principaux, il n'a pas laiſſé que de rendre témoignage à la verité. Il étoit preſent lorſque M. Simon dit au P. Martianay, aprés avoir jetté les yeux ſur deux ou trois pages des Manuſcrits que ce Pere faiſoit tant valoir, qu'il ne devoit pas aller ſi vîte, & que quand il auroit pris la peine de parcourir depuis le commencement juſqu'à la fin les ſcolies qui étoient aux marges, il ne les attriburoit peut-étre plus à S. Jerome. Mais Dom Martianay, loin de profiter de ce bon avis, étant entêté de ces Manuſcrits, crut qu'il venoit d'une perſonne, qui n'étoit pas bien aiſe que les Benedictins euſſent fait une ſi rare découverte. Vous ne ſauriez vous imaginer juſqu'à qu'elle bizarrerie les Moines porterent cette affaire dans la ſuite. Aprés en avoir déliberé éntr'eux, ces venerables Manuſcrits furent mis comme un depoſt ſacré dans la chambre de l'Aſſiſtant de leur General. Vôtre amy qui les vit plus d'une fois pour leur ôter de l'eſprit la penſée qu'ils avoient, vous dira qu'ils parurent extremement jaloux de leurs Manuſcrits. Et quoy qu'on ne pût attribuer à S. Jerôme les Scolies dont il étoit queſtion, que par une ignorance groſſiere, il ne fut cependant pas poſſible de les détromper ; on parloit à des ſourds. Mais enfin leur Secretaire pour n'avoir pas voulu écouter ce qu'on luy diſoit, a été obligé de ſe retracter honteuſement dans ſes Prologomenes, & d'avoüer que les Scolies qu'il avoit ſoûtenu dans ſes notes étre de S. Jerôme, n'étoient pas veritablement de luy.

Souvenez vous je vous prie, de ce que M. Simon vous dit à la ſortie de l'entretien qu'il eût avec le Pere Martianay au ſujet de ces Scolies. Il vous fit connoître, qu'elles n'étoient autre choſe qu'une partie de certaines remarques qui ſe trouvent dans ces livres Mſſ. nommés *Correctoria*, dont il eſt pàrlé dans ſes hiſtoires Critiques. Il vous témoigna de plus, qu'il avoit lû de ſemblables notes aux marges de quelques exmplaires Mſſ. de nos Bibles Latines; & qu'à l'égard de ces Canons Hebreux tant vantez par les Benedictins, ce n'étoit point le veritable Canon Hebreu de S. Jerôme; mais de faux Canons de la façon des anciens Moines, hardis *Correcteurs*, pour ne pas dire *Corrupteurs* des meilleurs Livres. Il n'y a perſonne qui puiſſe douter de ce fait aprés avoir lû avec tant ſoit peu d'application cette pretenduë *Bibliotheque divine de S. Jerôme.*

Ce que le Secretaire des Benedictins a avancé ſur ces Canons Hebreux dans ſon fameux *Prodrome*, & ce qu'il dit dans ſes remarques ſur le Pentateuque touchant les Scolies qu'il aſſure hardiment être de ce Pere, ne s'accorde nullement avec ſes autres notes qui ſont ſur les livres des Rois & ſur le reſte de l'Ecriture. Il eſt obligé de reconnoître ſur ces derniers livres, que les Canons Hebreux qu'il avoit cru être de S. Jerôme, ſont des livres alterez & corrompus en une infinité d'endroits par des Corrupteurs témeraires, qui ont pris la liberté d'ôter de nos Bibles latines les veritables paroles du texte de ce Pere, pour mettre en leur place des Scholies qu'ils lisoient aux marges de leurs exemplaires latins. Peut-étre ces anciens Moines croyoient-ils de bonne foy, que ces Scolies étoient en effet de S. Jerôme ; & que sur ce prejugé tout mal fondé qu'il étoit, ils ont retouché & corrigé les meilleures Bibles Latines. Mais cette faute, qui pourroit étre colorée de quelque pretexte à l'égard de ces anciens Critiques, ne souffre aucune excuse à l'égard des Benedictins d'aujourd'huy. Car il faut étre bien peu habile pour ne pas voir qu'il est impossible que S. Jerôme, qui prend à témoin tous les Juifs d'alors, de la fidelité de sa nouvelle traduction des livres Sacrés sur le texte Hebreu, ait mis en une infinité d'endroits aux marges de cette méme traduction : *C'est ainsi qu'il y a dans l'Hebreu.* N'est-ce pas de plus faire injure à ce S. Docteur, que de luy attribuer un long fatras de notes Critiques qui ne consistent la plûpart, qu'en des minuties tres-legeres & pueriles, & qui sont tres-souvent ridicules & impertinentes. Cela est bien moins pardonnable au Secretaire des Benedictins, qui se pique de savoir la Langue Hebraïque, bien qu'il n'en ait qu'une connoissance fort mediocre. Car un homme qui auroit été exercé dans cette sorte de literature, jettant seulement les yeux sur quelques noms propres marqués dans ces Scolies, auroit jugé aussi-tôt par la maniere dont ces noms sont écrits, qu'elles ne pouvoient être de S. Jerôme; au moins auroit-il suspendu son jugement pour quelque tems dans une affaire de cette importance. Mais le Secretaire qui avoit entrepris une nouvelle edition des ouvrages de S. Jerôme avec un assez petit fond d'erudition, ne s'apperçût que les Scolies, dont il s'agit, n'étoient point de ce Pere, que lors qu'il fut sur le point de faire imprimer les Livres des Rois. Il trouva dans les notes de Raban Maur sur ces mêmes Livres, une partie de ces Scolies rapportées sous le nom d'un Juif.

Ce fut là sans doute un coup de foudre pour les Benedictins, qui avoient publié par tout, qu'il n'y avoit que des gens ennemis de leur Congrégation, & envieux du service qu'ils rendoient au public par leurs nouvelles editions des Peres, qui osassent nier que les Scolies fussent de S. Jerôme. Leur Secretaire cependant qui avoit fait paroître tant de fierté, lors qu'on l'avertit, qu'il n'y avoit point d'aparence que S. Jerôme en fut l'auteur, chante la palinodie, & il reconnoit enfin bien humblement sa temerité. *Ego quidem*, dit-il, dans son troisiéme prolegomene, *nihil priùs mihi faciendum putavi, quam ut fatear me aliquando errasse in auctore scholiorum, quem ipsummet Hieronymum opinabar.* Il confesse son ignorance, avoüant qu'il n'y avoit que peu de jours qu'il avoit appris par la lecture de Raban, que c'étoit un Juif, qui avoit mis aux marges des Bibles latines ces Scolies, & qui avoit aussi composé les questions Hebraïques sur les livres des Rois & des Paralipomenes. Il ajoûte que ce Juif avoit embrassé la Religion Chrêtienne, & qu'il vivoit au huitiéme ou au IX. siecle. Mais les preuves qu'il apporte de la conversion de ce Juif, ne sont pas concluantes. Quoi qu'il en soit, il me semble que les Benedictins dans cette occasion, devoient enfouïr sous le sable ce qui étoit déja imprimé de la pretenduë Bibliotheque de S. Jerome, se contentant de donner au public ce qu'il y avoit de singulier dans leurs Manuscrits. Mais l'ouvrage étoit alors trop avancé, & il auroit falu dédommager l'Imprimeur. A vous dire vray, cette confession que leur Secretaire a été contraint de faire aprés avoir parlé si hautement de ces Scolies, est une preuve évidente du peu de capacité de ceux qu'ils employent a leurs nouvelles editions des Peres. Si Dom Martianay qui traite tous ses Confreres d'ignorans, comme on le publie dans Paris, n'est qu'un écolier & un *asne chargé de parchemins*, quel jugement, je vous prie, peut-on faire des autres?

Si ce glorieux Moine avoit lû avec soin les Auteurs Critiques, qui ont parlé des Manuſcrits de nos Bibles latines, il auroit découvert, qu'il y avoit au tems de Charlemagne des ouvrages ſemblables aux Scolies dont il eſt queſtion. Je ſuis méme perſuadé qu'elles ont été faites par le commandement de ce ſage Prince, qui n'oublia rien pour rétablir les Sciences tant divines que profanes dans la plus grande partie de l'Europe. Il s'appliqua luy-méme, comme vous le ſavez, à nous donner des Bibles latines correctes & revûës ſur les originaux, & méme ſur les exemplaires Syriaques. Luc de Bruges fait mention dans ſes notes Critiques d'un Manuſcrit Latin de la Bible, qui avoit été corrigé par les Religieux de S. Dominique ſur de bons exemplaires, & que cet Empereur avoit fait écrire. J'ay entendu ſouvent parler à M. Simon de cette Bible des Dominicains, dont il ſe trouve encore aujourd'huy un exemplaire dans leur grand Convent de Paris. Elle contient le Nouveau & l'Ancien Teſtament, à la reſerve des Pſeaumes qui apparemment faiſoient un volume ſeparé. Le Pere Goudin un des plus ſçavans Religieux de ſon Ordre, aſſure qu'on croit communement parmi eux, que S. Louys fit preſent à leurs Peres d'une belle Bible, qui venoit de Charlemagne. C'eſt apparemment ſur cet exemplaire de Charlemagne, que les Dominicains formerent cette excellente Bible latine qui porte leur nom, parce qu'ils y ajouterent pluſieurs notes critiques, qui n'étoient pas dans celle de cet Empereur. Comme cette piece eſt fort curieuſe, & qu'elle peut beaucoup ſervir à faire connoître les anciennes ſcolies, que le Secretaire des Benedictins a attribuées fauſſement à S. Jerôme, je vous en ferai la deſcription, attendant que M. Simon la faſſe connoître plus en détail dans un ouvrage qu'il doit publier dans peu de jours.

Cette Bible Latine, pour ce qui eſt du texte, n'eſt autre choſe qu'une des editions communes qui étoient alors répanduës, & dont on ſe ſervoit dans les Egliſes d'Occident. On a mis aux marges des remarques critiques qui repreſentent les diverſes leçons, non ſeulement des differens exemplaires Latins, mais auſſi du texte Hebreu & de la verſion Greque des Septante pour ce qui eſt du vieux Teſtament, & celles du Grec pour ce qui eſt du nouveau. Ces diverſes leçons, ou interpretations, ſont auſſi tres-ſouvent marquées ſur les mots mémes du Texte latin, principalement dans l'Ancien Teſtament; en ſorte qu'on voit tout d'un coup en quoi nos Bibles Latines different du Grec & de l'Hebreu, ce qu'elles contiennent de plus & de moins que les originaux, & enfin en quoi les anciens Exemplaires Latins different des modernes. Les notes marginales dont une bonne partie regarde le Texte Hebreu, & qui ont été tirées de la méme ſource que les ſcolies des Benedictins, s'accordent parfaitement pour ce qui regarde la prononciation des noms propres, avec celle des Juifs Maſſoretes. Il faut étre peu connoiſſeur en ce genre de critique, pour ne pas voir d'abord en les liſant, qu'elles ne ſont point de S. Jerôme.

Au reſte les Religieux de S. Dominique ont éte bien plus judicieux dans leur critique, que les enfans de S. Benoît. Car au lieu que ceux-ci ont pris la liberté de biffer & de grater leurs parchemins pour les ajuster aux scolies ou notes critiques, les Dominicains au contraire gardant le Texte de la Vulgate, se sont contentez de mettre ces observations critiques aux marges de leur exemplaire. Quand ils ont trouvé en comparant l'edition Latine avec l'original Hebreu, des mots, des phrases, ou des periodes entieres ajoûtées, ils ont indiqué ces additions par des barres ou lignes marquées sous les mots, lesquelles tiennent lieu d'*obeles*. Ils ont été bien éloignez d'imiter ces Moines *gratte-parchemins*, qui ont tant défiguré les Livres Latins, sous pretexte de les corriger.

En verité c'est un grand malheur pour la literature, que tant de beaux ouvrages ayent passé par de si méchantes mains, *per impuras Monachorum manus*. Les plus savans Critiques de nôtre siecle, ont eu raison de se plaindre de la temerité de ces hardis

correcteurs.

correcteurs. *Comperi*, dit un de ces Critiques qui avoit ajoûté un peu trop de foi aux Livres Manuſcrits, *miram fuiſſe audaciam & impudentiam deſcribentium veteres libros.* Et pour comble de malheur, ceux qui pretendent aujourd'hui nous donner des editions des Livres, plus exactes que les precedentes, prennent cette méme liberté dans leurs impreſſions. Je vous rapporterai la-deſſus les plaintes du judicieux & éloquent Muret, dont le témoignage eſt d'un grand poids dans cette matiere. *Utinam quidem*, dit cet habile Critique au commencement de ſon Commentaire ſur Catulle, *quæ debuit, ea in tractandis veterum monimentis ſervata eſſet a ſuperioribus, & hodie ſervaretur Religio. Simpliciora haud dubiè omnia & integriora legerentur. Nunc dum quiſque pro ſuo arbitratu addit, delet, immutat, fiunt ex non integerrimis voluminibus Manuſcriptis impreſſa vitioſiſſima.* Voila en peu de mots le caractere des anciens Moines, qui ſe mêloient de corriger les Manuſcrits, & de ceux d'aujourd'hui qui nous promettent de meilleures editions des Livres imprimez.

Lindanus qui avoit consulté quelques anciennes Bibles Latines, pour voir si l'on ne pourroit point rétablir nôtre version Vulgate sur ces Manuscrits, est obligé d'avoüer, qu'elle a été corrompuë en une infinité d'endroits par ces censeurs temeraires. Il parle en même temps de ces Ouvrages critiques appellez *correctoria*, dont il avoit vû un exemplaire ancien dans une Bibliotheque des Chartreux. Il insinuë même que ces notes critiques venoient de Charlemagne. Voici les propres termes de Lindanus, qui insinuënt ce que je vous ai marqué ci-dessus *Plurimas in Vulgatam istam cùm Psalterij, tum novi etiam Testamenti, ut alia prætermittamus silentio, versionem irrepsisse scribarum sive oscitantia, sive irreligiosa etiam audacia, non tam mendas quam vitia, libelli illi veterum studiosorum solis luce demonstrant manifestius, qui in vetustis latitant Bibliothecis, quos correctoria, sive* castigatoria *Bibliorum inscripserunt. Tale quondam vidimus pervetustum in Carthusia Zeelhemensi juxta Diestamium sita, quod Biblia ad Codices Caroli Magni per diligenter castigatos notabat emendanda, locis sane ut non paucis, ita minimé pœnitendis.*

Remarquez, s'il vous plaît, ces paroles, *irreligiosa audacia.* Cet Evêque traite de *temerité impie*, la hardiesse de quelques copistes, qui avoient corrompu nôtre ancienne edition Latine. Il pretend qu'on doit redresser leurs erreurs sur le *correctoria.* Et en effet Luc de Bruges, & les Docteurs de Louvain, aussi bien que Robert Etienne s'en sont servis quelquefois heureusement. Ils ont méme été suivis dans une bonne partie de leurs corrections par les Censeurs de Rome. Mais aprés tout, il faut beaucoup d'habileté & de jugement pour se servir comme il faut de ces *correctoria*, afin de ne pas imiter ces anciens correcteurs, qui ont fait passer les scolies dans le texte de la version de S. Jerome. Aussi ne vous ai-je rapporré les paroles de Lindanus, que comme le témoignage d'un historien, sans pour cela m'arrêter à sa critique, qui souvent n'eſt pas exacte. Vous connoîtrez méme par quelques autres paroles qu'il ajoûte, que les anciens reviſeurs des Bibles Latines, étoient de grands *corrupteurs* des Livres Divins; & c'eſt un grand bonheur pour l'Egliſe que les originaux n'ayent pas paſſé par leurs mains. Ecoutez donc encore une fois Lindanus.

Il cite le témoignage d'un ſavant Diacre qui vivoit 400. ans avant lui, & qui aſſure qu'aprés avoir cherché dans les Bibliotheques de veritables exemplaires de nos Bibles Latines, il n'en avoit trouvé aucun qui n'eût été corrompu d'une étrange maniere. Le Diacre ajoûte, que ceux qu'on diſoit avoir été corrigez par des perſonnes ſavantes, étoient ſi differens entr'eux, qu'on comptoit preſque autant de Bibles differentes, qu'il y avoit d'exemplaires differens, chacun ayant pris la liberté de les corriger à ſa maniere. *Præ ceteris equidem*, dit Lindanus parlant de ces Livres appellez *correctoria*, *deſiderarim illud quod ante annos* 400. *Romæ Nicolaus S. Damaſi Diaconus ſcripſit, maximâ uti apparet diligentiâ, ubi conqueritur, lustrans armaria, inquiens, nequibam hoc adipisci, veracia scilicet exemplaria invenire; quia & quæ à Doctissimis viris dicebantur correcta, unoquoque in suo sensu abundante, adeo discrepabant, ut quotquot Codices, tot exemplaria reperirem.*

On ne pouvoit mieux representer qu'à fait ce Diacre, l'Esprit des anciens Moines, qui ont reformé selon leurs idées les exemplaires de la version de S. Jerome. Ce sont cependant ces Livres que leurs successeurs nous veulent donner comme le pur Canon Hebreu de ce Pere. C'est sur ce plan que leur Secretaire a entrepris de publier le gros volume, qu'il lui a plû d'intituler: *S. Hieronymi Bibliotheca hactenus inedita*, comme il le déclare lui-méme dans son *Prodrome*, où il parle des Manuscrits qu'il a suivis dans son Epître à Sunnia & à Fretela, qui sert de modele pour l'edition entiere de ce Pere. Il louë merveilleusement dans ce Prodrome l'ancien Manuscrit de l'Eglise de Carcassonne, qui lui paroissoit alors, tant il est bon critique, étre le pur Canon Hebreu de ce S. Docteur. *Restat*, dit-il, *ut de præstantissimo Ecclesiæ Carcassonensis MS. Codice hæc subnectam. Scriptus est ante octingentos annos, & nisi me fallo, Canon ipse est Hebraicæ veritatis, de quo ad Lucinium Bœticum Hieronymus scripsit : Nihilque prorsus in eo libro habetur quod ipsissimum Hieronymum non sapiat* C'est sur cet incomparable Manuscrit, & sur quelques autres semblables, que D. Martianay corrige l'Ep. à Sunnia & à Fretela & qu'il forme le dessein de sa nouvelle edition de tous les Ouvrages de S. Jerome. Erasme, Conon, Reuchlin, Marcianus Victorius & les autres critiques, qui ont travaillé sur les Livres de ce Pere avant le Secretaire des Benedictins, sont tous des ignorans qui n'y ont rien entendu. Il n'y a eu que lui qui ait eu les veritables exemplaires du Canon Hebreu, & qui ait sçû discerner les vrayes leçons d'avec les fausses : *Et cor solus habet, solus & ingenium.* Il a reconnu par sa propre experience, qu'il n'y a rien dans ce divin Canon de l'Eglise de Carcassone, qui ne soit de S. Jerome. *Id ego*, dit le Secretaire, *plurimum expertus sum.*

Et qui ne croiroit, Monsieur, un homme si éclairé sur ces matieres, & auprés duquel les Erasmes, les Conons, les Marianus, & les Nobilius ne sont que des Pygmées? Mais helas! ce grand Critique de nos jours est obligé par une retractation honteuse, de degrader ces rares Manuscrits qu'il avoit tant vantez, & qu'il a suivis comme ses oracles dans une bonne partie de l'edition de la *Divine Bibliotheque.* Lisez, je vous prie, ce qu'il dit là-dessus dans sa note sur les derniers mots du Pseaume 73. où il n'épargne pas méme son divin Manuscrit de Carcassonne. Il confesse de bon cœur, que dans son edition de l'Epître à Sunnia & à Fretela, il a fait imprimer comme de S. Jerome ce qui n'étoit point veritablement de ce Pere, ayant été trompé, dit-il, par le Manuscrit de Carcassonne, qu'il a reconnu depuis étre un Livre alteré en une infinité d'endroits par un correcteur temeraire: *Canon Carcassonensis ac Vaticanus Codex, hîc in contextu retinent scholion marginale, quod aliquando mihi imposuit*; ut narrem omnia imperia tua, *putatam jam pridem in annotationibus meis in Epistolam S. Hieronymi ad Sunniam et Fretelam, id legisse sanctissimum Ecclesiæ Doctorem. At nunc inspectis quam plurimis Mss. Codicibus sententiam mutavi. Ex scriptorem Canonis Carcassonensis, qui nulla fide est, temerarium multis in locis expertus, dum è latere annotationes scholiastis scribendas in corpore non dubitavit.*

Ce n'est pas le seul endroit où cet humble enfant de S. Benoît, reconnoît ses propres fautes. Il n'a pû dissimuler sur le Pseaume 119. qu'on n'y lit presque rien du texte de S. Jerome dans l'exemplaire de Carcassonne, où l'on a substitué à la place des veritables leçons de ce Pere, les scolies qui étoient écrites aux marges. *Ex scriptor Canonis Carcassonensis posuit in contextu hujus Psalmi omnia fere marginalia scholia.* Jugez aprés cela de quelle autorité peuvent être ces Canons Hebreux tant vantez par les Benedictins. L'usage qu'on en doit faire, eſt de s'en ſervir comme de preuves convaincantes de la temerité des Moines, qui ont corrigé auec tant de hardieſſe les anciens Livres, ſans épargner méme ce qu'il y avoit de plus ſacré; & afin que vous ne doutiez pas à l'avenir de la verité de ce fait, qui eſt d'une tres-grande importance, je vas vous en donner de nouvelles preuves, ſans m'éloigner cependant en quoi que ce ſoit de la *Bibliotheque divine* des Benedictins.

Leur Secretaire eſt tellement entêté du Canon Hebreu de S. Jerome, qu'il le trouve par tout. Il nous apprend dans ſon ſecond *Prolegomene*, que dés le temps de S. Auguſtin les Egliſes d'Afrique liſoient dans le Livre de ce Pere intitulé *ſpeculum*, non l'ancienne Vulgate qui avoit été faite ſur la verſion Greque des Septante; mais la nouvelle traduction Latine de S. Jerome faite ſur l'Hebreu. *Nihil in hoc opere poſuit Sanctus Antiſtes, quod e purâ Hieronymi traſlatione Hebraica, hoc eſt, e Canone Hebraicæ veritatis non manarit.* Qui eſt-ce qui croiroit, ajoûte-t'il au méme endroit, qu'il fallut placer dans cet ouvrage de S. Auguſtin, le Pſautier que S. Jerome avoit traduit ſur l'Hebreu : *Quis crederet Pſalterio ex Hebraicis prognato locum in Auguſtini ſpeculo concedendum ?* C'eſt en effet une choſe bien difficile à croire. *Creat Iudæus Apella, non ego.*

Il ne faut qu'un peu d'application à ce qui ſe paſſoit alors dans les Egliſes d'Occident à l'égard de la lecture des Livres Sacrez, pour juger que S. Auguſtin dans un recueil qu'il faiſoit des plus beaux paſſages de l'Ecriture ſur la Morale, n'a pas mis entre les mains du Peuple une autre verſion de cette méme Ecriture, que celle que tout le monde liſoit, & qui s'expliquoit dans les Egliſes d'Affrique. Je dis donc qu'il eſt arrivé à cet Ouvrage de S. Auguſtin, qui ne contient que de ſimples extraits de la Bible, ce qui s'eſt fait dans les anciens Lectionnaires que l'on a accommodez à la nouvelle traduction de S. Jerome, quand elle a été en uſage dans l'Egliſe. Quelque Moine a crû que ce Livre ſeroit plus utile au public, s'il en ôtoit toute l'ancienne verſion qui n'étoit plus en uſage dans l'Occident, pour mettre la nouvelle en la place. Voici les preuves que j'ai de ce changement, leſquelles me paroiſſent convaincantes.

Vous ſavez qu'il y a peu de fauſſaires ſi habiles pour colorer les actes faux qui ſont de leur façon, que les perſonnes éclairées n'y découvrent des marques de fauſſeté. Il en eſt de méme des Livres qui ont été alterez & défigurez par les anciens Moines. Quand on vient à les examiner de prés, on y trouve quelques veſtiges des alterations qui y ont été faites. Et c'eſt ce que je pretends avoir trouvé dans le *Speculum* de S. Auguſtin, tel que nous l'avons preſentement. On a inſeré à la verité avec beaucoup d'exactitude dans le corps de l'Ouvrage, la nouvelle edition Latine, en ſorte qu'il n'y reſte plus rien de l'ancienne. Mais le Correcteur n'a pas pris le méme ſoin dans les petites Prefaces, qui ſont au devant de quelques-uns de ces Livres de la Bible, qui compoſent ce recueil. Et c'eſt par ces Prefaces qu'on découvre que S. Augustin dans sa compilation ne s'est point servi de la traduction de S. Jerome sur l'Hebreu, mais de l'ancienne Vulgate ou Italique qui étoit en usage dans son Eglise. On lit, par exemple, dés les premiers mots de ce Recueiel: *In principio Deus fecit Cœlum & Terram*, selon l'ancienne Vulgate, & non pas *creavit*, comme a traduit S. Jerôme.

La Preface qui est à la tête des passages que S. Augustin a tirez des Proverbes de Salomon, renferme trois passages de ce méme Livre, & ils ont tous trois été pris de l'ancienne edition Latine, qui se lisoit alors dans les Eglises d'Affrique. Voici le premier de ces passages tiré du chapitre 9. des Proverbes, vers. 18. *ab aqua aliena abstine te, & de fonte alieno ne biberis.* Ce seroit en vain que vous chercheriez dans la nouvelle traduction de S. Jerome, ces paroles que S. Augustin cite encore en d'autres endroits de ses Ouvrages. Elles ne se trouvent que dans l'ancienne Vulgate qui a été faite sur la version des Septante.

Le ſecond paſſage des Proverbes rapporté par ce ſaint Docteur dans la méme préface, eſt celuy-ci tiré du chapitre 10. v. 4. *Paupertas virum humiliat; manus autem fortium locupletat*: Et il a auſſi été pris de l'ancienne edition Latine. Il en eſt de méme du troiſiéme paſſage qui conſiſte en ces mots tirés du chapitre 24. des Proverbes verſ. 20. *Non enim naſcuntur filij malignis.*

La petite préface qui eſt dans ce meme recueil de S. Auguſtin à la tête du Livre des Cantiques contient encore une preuve tres évidente du changement dont il s'agit. On y lit d'abord à la verité ſelon la verſion de S. Jerôme: *Adjuro vos filiæ Jeruſalem per capreas cervasque Camporum, ne ſuſcitetis, neque euigilare faciatis dilectam, donec ipſa erit.* Mais comme ce Pere avoit ajoûté l'explication de ce paſſage, & qu'elle ne peut s'appliquer à cette nouvelle verſion, le reformateur a été obligé de rapporter le méme paſſage de cette maniere, comme S. Auguſtin l'avoit cité ſelon l'ancienne Vulgate: *Ad juro vos filiæ*

Jerusalem, in virtutibus & viribus agri, si levaveritis caritatem, quoad usque velit: Et aprés ces paroles suivent celles-ci qui en sont l'interpretation: *Ecclesia quippe in qua utique sumus, his verbis exhortatur filias suas, hoc est, seipsam in plurimis constitutam. Ipsa est ager Dei fructuosissimus, cujus virtutes & vires magnæ sunt ad quas amando Christum Martyres pervenerunt.* Vous voyez manifestement, que S. Augustin ne songeoit pas alors au Canon Hebreu, mais seulement à la version qui étoit en usage dans son Eglise, puisque ce sont les paroles de cette version qu'il interprete, & non pas celles de la nouvelle Traduction de S. Jerôme, qui est une addition du reformateur.

Il n'est pas besoin que je m'arrête d'avantage a ces Préfaces : ce que je vous en ay rapporté est plus que suffisant pour convaincre tout homme qui y fera tant soit peu d'entention, que le *speculum* de S. Augustin étoit tout different dans son origine de celuy d'aujourd'huy, qui est plûtôt l'ouvrage de quelqu'un de ces Correſteurs, qui ont reformé avec tant de liberté les anciens Livres, que l'ouvrage de l'Evêque d'Hippone. On peut dire de ce Livre la méme choſe qu'on diſoit autrefois du Navire des Argonautes. Ce n'étoit plus le méme Navire, parce qu'il n'avoit aucune planche du premier Bâtiment. On pouvoit dire neanmoins que c'étoit le méme Navire, parce que dans le changement qui s'étoit fait, on avoit toûjours conſervé la premiere fabrique du Vaiſſeau. De méme le *ſpeculum* que nous avons ſous le nom de S. Auguſtin n'eſt point le veritable, & celuy que ce Pere a composé, puiſque dans le recueil qu'il avoit fait d'un grand nombre de paſſages de l'Ecriture, il ne s'en ttouve plus aucuns de ceux qu'il avoit lui-méme extraits de l'ancienne Bible Latine. D'autre part on peut dire que c'eſt le méme *ſpeculum* de S. Auguſtin, puiſque ceux qui l'ont retouché pour l'accommoder aux uſages de leur temps ont gardé tout le corps des citations de l'Ecriture, ſubſtituant ſeulement à la place de l'ancienne verſion, la nouvelle de S. Jerôme.

Mettez donc au nombre des visions du Secretaire des Benedictins, ce qu'il dit de ce *speculum* avec tant de confiance dans sa *Continuation de la defense du Texte Hebreu & de la Vulgate.* Si nous l'en croyons, quoique S. Augustin n'ait pas approuvé d'abord la nouvelle traduction de S Jerôme sur l'Hebreu, *il l'a tellement approuvée & admirée dans la suite, qu'il a absolument abandonné la version des Septante dans un ouvrage de pieté qui devoit passer entre les mains de tous les fidéles, & n'a suivi uniquement, méme dans les Pseaumes, que la seule version de S. Jerôme faite sur le Texte Hebreu de son temps : Ce miroir de S. Augustin*, Continuë le Secretaire, *mit en usage la version de S. Ierôme parmi les fidéles d'Affrique; & ce seroit une ignorance insupportable, de soûtenir que le* speculum *étoit entre les mains de tous les Evêques & de tous les Catholiques de ce pays là, sans avoüer en méme temps que la verssion de S. Ierôme dont le* speculum *est tiré mot à mot, étoit aussi reçûë dans l'Affrique, où l'on avoit les mémes sentimens que S. Augustin, &*

que

que plusieurs autres Savans qui admiroient les versions de S. Ierôme. On peut dire sans craindre de se tromper, qu'il n'y a pas un mot de vray dans tout ce long discours qui suppose que le *speculum* tel que nous l'avons presentement, est de S. Augustin.

Au reste il n'est pas surprenant, qu'un homme entêté du Canon Hebreu de S. Jerôme raisonne de la sorte. Mais Dom Thomas Blanpin, qui a pris le soin de la nouvelle edition des ouvrages de S. Augustin me paroît moins excusable. On l'avoit averti avant que de publier son 3e. tome, où est le *speculum*, que ce Livre avoit été retouché ; mais loin de profiter de cet avertissement, il a cherché de nouvelles raisons pour se fortifier contre celles qu'on luy avoit apportées Ce qui obligea S. Augustin, dit ce savant Religieux, à preferer la nouvelle version de S. Jerome sur l'Hebreu à l'ancienne, qui avoit été faite sur le Grec des Septante, dans son *speculum*, c'est que ce pieux ouvrage étant destiné à l'usage du peuple, il a crû qu'il étoit plus à propos de se servir de la nouvelle traduction, qu'il avoit enfin trouvée plus claire & plus intelligible, que l'ancienne en plusieurs endroits.

Cette raison qui n'a d'autre fondement que l'imagination de celui qui l'a inventée, n'a pas laissé de plaire au P. Martianay, qui s'en est aussi servi pour appuyer ses idées. Mais peut-on opposer des raisons vagues & generales, qui ne sont que de simples conjectures, à des preuves particulieres qui montrent évidemment le contraire de ce que ces deux Moines ont avancé si librement? J'avouë que la nouvelle version de S. Jerome sur l'Hebreu est plus claire en beaucoup d'endroits, que l'ancienne Vulgate: Etoit-elle pour cela connuë du peuple, qui n'en entendoit jamais parler dans les Eglises? N'étoit-ce pas l'ancienne qu'on y lisoit, & qui par consequent étoit familiere à tout le monde? En un mot S. Augustin ayant voulu, comme dit Possidius dans la vie de ce Pere, étre utile à tous, *prodesse omnibus volens*, & principalement à ceux qui n'étoient pas en état de lire de si gros Livres, fit ce recueil des principaux passages de la Bible qui regardoient la Morale: Et d'où pouvoit-il mieux prendre cet excellent recueil, que de l'Ecriture qui se lisoit & s'expliquoit dans son Eglise;

Le Secretaire des Benedictins n'en demeure pas là. Il porte le canon Hebreu de S. Jerome jusques dans l'Eglise de Jerusalem, où il veut qu'il ait été connu & approuvé dés le temps de ce Pere. Hesychius, dit-il dans son second Prolegomene, Prêtre de Jerusalem, & qu'on pretend avoir été Disciple de S. Gregoire de Nazianze, doit marcher à la tête de ceux qui ont cité dans leurs Livres la nouvelle version de S. Jerome faite sur l'Hebreu. *Hesychius magni illius Gregorii Nazianzeni, ut fertur, Discipulus, Hierosolymorum Presbyter, primus in censum veniat, inter eos qui testimonia scripturarum recitant iuxta editionem Hieronymianam de fontibus Hebraicis derivatam.*

Il est vrai que dans la traduction Latine qui nous reste du commentaire d'Hesychius sur le Levitique, les passages de l'Ecriture y sont citez selon la nouvelle verſion de S. Jerome ſur l'Hebreu. Les plus ſavans Critiques méme de nôtre ſiecle, qui n'ont pas aſſez connu la *manufacture* des anciens Moines, ont crû trop facilement que ce Prêtre de Jeruſalem s'étoit en effet ſervi de nôtre edition Vulgate dans ce Commentaire. Mais s'ils avoient pris le ſoin d'examiner à fond, & ſelon les loix d'une critique exacte, cet ouvrage tel qu'il eſt dans le Latin, ils auroient découvert, que ce n'eſt plus le veritable Heſychius qui a écrit en Grec, & qui par conſequent s'eſt ſervi de la verſion Greque des Septante, laquelle étoit en uſage dans ſon Egliſe; mais un Heſychius reformé par celui qui l'a mis en Latin, & qui pour le rendre plus utile à ceux de ſon Egliſe, l'a habillé à la Romaine, ſubſtituant en la place de la verſion Greque la nouvelle traduction de S. Jerome, qu'on liſoit alors dans les Egliſes d'Occident. Avant que de venir à cette diſcuſſion, qui eſt de quelque importance, il eſt bon que je faſſe quelques remarques ſur l'ouvrage méme d'Heſychius, dont les Critiques de nôtre temps ont parlé differemment.

Si nous écoutons le Cardinal du Perron, cet Hesychius n'étoit point Prêtre de Jerusalem, mais Evêque de Salone. *Hesychius*, dit ce sçavant Cardinal dans son Livre de l'Eucharistie, *étoit Latin, comme il apert par le style & la texture de son Livre, & par les Epîtres que S. Augustin lui addresse étoit Evêque de Salone, comme il apert par les mêmes Epîtres, & par les anciens Manuscrits corrects de son Commentaire sur le Levitique, où il est intitulé,* Hesychius Salonitanus, *& non* Hesychius Hierosolymitanus, *& par l'edition sur les paroles de laquelle il forme son Commentaire, qui est la version de S. Jerome.* Je suis seur que si Du Perron avoit vû lui-méme ces anciens Manuscrits corrects qu'il cite, & qui se réduisent à un seul, qu'on trouve encore aujourd'hui dans la Bibliotheque du Roi, il auroit parlé autrement. Et afin que vous n'en doutiez pas, je vas vous découvrir tout le mystere.

Le Manuscrit dont il est question, est un *in folio*, de forme quarrée, cotté 3805. dont l'Ecriture, qui est d'une tres-bonne main, paroît ancienne d'environ 800. ans. On lit à la tête de ce Manuſcrit: *Incipit liber Iſicij Hieroſolymitani in Levitico.* Mais quelqu'un de ces anciens reviſeurs *gratte-parchemins* a raclé *Hieroſolymi*, en ſorte neanmoins, qu'on voit encore ces lettres *Hieroſ*, & a écrit *Salonitani* imitant les anciens caracteres. Ce qu'il a fait ſi groſſierement, qu'on s'aperçoit ſans y regarder de fort prés, que *Saloni* eſt d'une autre main. On lit auſſi à la fin de ce méme MS. *Iſicij Presbyteri Salonitani*, & l'eſpace qui eſt en blanc contenoit ces lettres *Hiero*, qui ont été raclées, & de *ſolymitani*, on a fait *ſalonitani.*

Saumaiſe & Aubertin qui ont vû ce MS. ſe ſont beaucoup récriez là-deſſus contre du Perron, qui a crû ſelon eux trop legerement un impoſteur. Celui ci ſoûtient & avec raiſon, qu'il faut lire *Hieroſolymitani*, quoi que, dit-il, quelques impoſteurs ayent taché par une impudence extréme, de mettre en la place de ce mot celui de *Salonitani*: *Quamvis impoſtores nonnulli ex Hieroſolymitano Salonitanum conficere ſummâ impudentia conati sunt, literas aliquas abradentes, & alias contorquentes, sed adeo rudi opera, ut eorum fœtus clarissime appareat.* Saumaise qui ne doute nullement que ce Commentaire sur le Levitique n'ait été écrit en Grec par Hesychius Prêtre de Jerusalem, traite aussi d'*insigne fourberie* cette méme correction, dans son Livre de la Transsubstantiation contre Grotius: *Hesychius Presbyter Hierosolymitanus, cujus extat in Leviticum Commentarius in Latinum Sermonem conversus, cuius libri extant scripti in Bibliotheca Regia, sed malo facinore & insigni fraude eorum qui illis usi sunt, Salonitanum in fine repositum iverunt, ut ex erasis litterarum priorum ductibus manifeste apparet.*

Mais aprés tout, ces deux Critiques n'ont pas eu raison de traiter d'*imposture* & de *fourberie* une chose qui étoit alors si commune parmi les Moines. C'eux d'entr'eux qui avoient quelque literature, étoient chargez de revoir les Livres qui avoient été copiez par d'autres, & de les corriger. Ce qu'ils faisoient souvent à la verité avec une tres-grande liberté. Mais ils croyoient rendre en cela un grand ſervice au public. C'eſt de cette maniere que le titre du Commentaire d'Heſychius a été reformé tant au commencement, qu'à la fin dans le MS. de la Bibliotheque du Roi.

On ne peut donc plus douter aprés cet éclairciſſement, que l'ouvrage d'Heſychius ſur le Levitique n'ait été écrit en Grec. Le Secretaire des Benedictins qui le ſuppoſe comme un fait conſtant, en infere, qu'un Illuſtre Ecrivain Grec s'eſt ſervi de la verſion de S. Jerome ſur l'Hebreu dés le tems de ce Pere. Il me reſte de vous montrer que ce n'eſt point le veritable Heſychius qui a cité nôtre Vulgate dans ſon Commentaire, mais le Traducteur Latin qui l'a accommodé aux uſages de ſon Egliſe. Tous les extraits de nôtre edition Latine qui ſont au devant de chaque ſection & de l'interpretation d'Heſychius, ſont de ce Traducteur Latin. Mais comme il n'étoit pas poſſible que l'explication du méme Heſychius s'accordât toujours avec nôtre edition Latine, qui differe en beaucoup d'endroits de la version Greque des Septante, le Traducteur a retouché l'ouvrage, & a aussi ajusté sa version aux paroles de cet Auteur Grec par ces mots, qu'il supplée immediatement aprés le texte de nôtre Vulgate, *quod* 70. *dicunt* : 70. *ediderunt* : *secundum textum septuaginta.*

Si Hesychius n'avoit fait autre chose que de citer la version Latine de S. Jerome sur l'Hebreu, comme il la fait celle d'Aquila, de Symmaque & de Theodotion, il n'y auroit rien en cela d'extraordinaire. Mais qu'un Auteur Grec qui écrit un Commentaire sur le Levitique pour des Grecs qui lisoient en leur Langue la version des Septante dans leur Eglise, fasse son fond principal de la nouvelle traduction Latine de S. Jerome sur l'Hebreu, c'est ce que je ne sçaurois comprendre. Du Perron qui croyoit que ce Commentaire, de la maniere que nous l'avons, étoit la pure production d'Hesychius, avoit raison de l'attribuer à un Ecrivain Latin; mais étant hors de doute qu'il a été composé en

Grec, il n'y a point d'autre voye de concilier les endroits où l'Auteur parle comme un homme qui écrivoit pour les Latins, avec le reste de son ouvrage, qu'en supposant qu'il a été retouché par le Traducteur ou par quelque reviseur, qui l'a ajuste aux usages de son Eglise. Par exemple, tout autre qu'un Ecrivain Latin n'a pû dire de nôtre Vulgate: *C'est ainsi qu'on lit dans nôtre edition : C'est ce que porte nôtre version Latine : On lit ainsi dans l'edition Latine dont on se sert presentement.* Vous trouverez ces expressions au chap. 13. de ce Commentaire page 264 & au ch. 18. p. 408. & au ch. 5. p. 82. sçavoir, *quod nostra autem editio habet : Unde nostra translatio: Præsens verò translatio.* Hesychius qui écrivoit dans Jerusalem, où on lisoit la version des Septante, a-t'il pû nommer la version Latine de S. Jerome sur l'Hebreu, la Bible qui étoit en usage dans son Eglise ? Ces mots, *præsens translatio* ne montrent-ils pas clairement, que c'est un Auteur Latin, qui cite la nouvelle Vulgate, laquelle avoit pris la place de l'ancienne dans les Eglises d'Occident ?

L'edition d'Hesychius dont je me suis servi est celle de Paris *in* 8. en 1581. Je ne crois pas qu'il soit necessaire de vous avertir que le P. Mabillon s'est trompé grossierement dans son *Catalogue des meilleurs Livres & des meilleures editions pour composer une Bibliotheque Ecclesiastique*, lorsqu'il dit, *Hesychii Patriarchæ Jerosolymitani in Leviticum libri septem; Græcè* 8. *Parisiis* 1581. *Latin fol. Basil.* 1527. Villery & Moette vous apprendroient, si vous ne le saviez déja, que jamais ce Livre d'Hesychius n'a été imprimé en Grec à Paris, ni en aucun autre lieu. Ceux-mémes qui nous ont donné des catalogues des Mſſ. Grecs, ne font mention d'aucun exemplaire de ce Livre. Il y a apparence que ce sçavant Religieux a copié en cet endroit, & en plusieurs autres, le Catalogue de Crowæus dont il loue l'exactitude. *Commentarios Patrum*, dit le P. Mabillon, *& plurimos alios commentarios accurate exibet Elenchus scriptorum in sacram Scripturam editus à Guillelmo Crowæo in* 12.

Londin. 1672. Je puis vous assurer au contraire, que le Catalogue de Crowæus est rempli de fautes.

Je ne sçais où ce Pere a pris tout ce qu'il dit au méme endroit des autres Ouvrages du méme Hesychius. Il est plus exact dans la défense qu'il a faite pour ceux de son Ordre contre M. l'Abbé de la Trappe, qui ne veut pas que les Moines s'appliquent à l'étude, sur tout à celle qui regarde la critique, comme si la critique n'avoit pas été un des principaux emplois des anciens Moines Benedictins. C'est donc avec raison que Dom Mabillon demande à cet Abbé: *Qu'y a-t'il dans la revision des Peres & la confrontation des Manuscrits qui ne soit pas convenable à nôtre profession? Est-ce la lecture des Manuscrits? C'est le travail des mains de nos Peres. C'est un depost qu'il nous ont confié, afin que nous nous en servions. Enfin nous croyons faire cette revision à l'exemple des anciens Peres les plus Saints de nôtre Ordre, qui se sont appliquez à ces travaux avant l'impression. Je me contenterai de rapporter l'exemple du B. Lanfranc, & de S. Anselme.*

Le premier, comme nous l'apprenons de sa vie, corrigea les Livres de l'Ecriture & des Peres en conferant ensemble divers Manuscrits, & il employa a cette confrontation non seulement son travail, mais aussi celui de ses Disciples. On en voit encore des preuves dans quelques Manuscrits corrigez de sa main.

Je vous ai rapporté au long ces paroles du P. Mabillon, parce qu'elles font connoître en peu de mots, que les Benedictins ont été de tout temps de grands correcteurs de livres. Mais il ne nous dit pas, que ce Bienheureux Lanfranc, qui a eu tant de disciples, a passé dans l'esprit de quelques Critiques peut-être mal intentionnez, pour un grand corrupteur de Manuscrits : Au moins ne devoit il pas nous cacher ce qui est écrit dans la vie du méme Lanfranc, sçavoir que ce Saint homme corrigeoit les livres *secundum analogiam fidei*; ce qui paroîtra à bien des gens plûtôt une dépravation, qu'une veritable correction ; & il n'est pas le seul de son ordre qui ait suivi cette methode dans la revision des livres.

Mais mettons à part, me direz vous, l'Analogie de la foy, & l'interêt particulier de ces Moines: Qu'elle raiſon peuvent-ils avoir euë d'alterer tant de bons Manuſcrits en des matieres de pure critique, où il ne s'agiſſoit ni de la cauſe de Dieu, ni de la leur propre? Je répons à cela, que les Moiner Benedictins étoient alors en Europe les maîtres de tout ce qui appartenoit à la litterature. C'étoit un titre honorable parmi eux d'étre reviſeur des Manuſcrits que copioient d'autres Moines du bas ordre, & qui avoient la main bonne pour écrire. C'eſt pourquoi vous voyez au commencement ou à la fin de ces Manuſcrits: Moi N. Abbé ou Prieur d'un tel Monaſtere ai revû ce Manuſcrit; *relegi hunc librum.* Plus ils ſe croyoient habiles dans leur mêtier de cenſeur, plus ils prenoient de liberté dans la reviſion qu'ils faiſoient des Livres.

Je me trompe fort ſi ce méme eſprit ne regne encore preſentement dans les ſucceſſeurs de ces anciens Doms Reviſeurs. Le P. Martianay ne s'eſt pas plûtôt mis en état de donner une nouvelle edition des ouvrages de S. Jerome, qu'il s'est érigé en reformateur du genre humain. Toutes les autres editions de ce Pere ont été, selon lui, corrompuës par des correcteurs malhabiles & sans jugement. Si nous l'en croyons Marianus Victorius est de ce nombre, aussi bien qu'Erasme: *Corruptor Hieronymi Marianus.* Une personne que vous connoissez ayant lû plusieurs autres extravagances semblables dans le *Prodrome* de ce digne enfant de S. Benoît, lui appliqua fort à propos ces deux vers d'un judicieux Critique Italien.

Martine omnia conturbas, dum credere doctis
Negligis, & per te nil sapis ipse tamen.

Si Dom Martianay avoit vêcu au temps de ces anciens Doms reviseurs, qui n'entendoient pas si bien leur mêtier que lui, nous aurions sans doute un S. Jerome entier de sa façon. La note qu'il a faite sur la Preface de ce Pere qui est à la tête des Livres de Samuel, & qui regarde tous les autres

Livres de l'Ancien Testament, en est une bonne preuve. Cet incomparable Critique assure que tout l'ordre des paroles de S. Jerome est entierement renversé dans cette Preface. Il pretend le rétablir par les seules regles de la critique, avoüant franchement, que les Manuscrits qu'il a lûs, & qui sont au nombre de trente-quatre, lui sont tous contraires. Il faut neanmoins lui rendre cette justice, que se contentant d'iniquer cette alteration; il a bien voulu épargner le texte imprimé, qu'il a conservé, quoi qu'il ne doutât nullement, qu'il ne fût alteré: *Hanc restitutionem quantumvis necessariam judicio nostro noluimus permittere, quia è triginta quatuor MSS. Codicibus, quos in hoc opere diligenter contulimus cum editis libris, nullus hîc dissentiens invenitur ab alio; sed uno modo constanter legunt juxta seriem inversam. Itaque res ejusmodi lectorem curiosum monuisse sit satis.* En verité ce Dom Reformateur a grand tort de ne pas user de son droit, & de ne pas rétablir cette Preface de S. Jerome, puisqu'il est persuadé qu'elle est entierement

tierement corrompuë.

Cependant aprés l'avoir examinée & lûë plus d'une fois, je n'y ai rien trouvé de renversé. Tout ce pretendu renversement des paroles de S. Jerome n'est que dans l'esprit du Critique, qui ne les ayant pas entenduës, les a reformées selon ses idées. Le dessein de S. Jerome est de faire voir que les Juifs comptent 22. Livres de l'ancien Testament, qui répondent aux 22. lettres de leur alphabet. Il ajoûte que les Caldéens & les Syriens ont un pareil nombre de lettres dans leurs Langues: ce qu'il dit aussi des Samaritains qui ont le Pentateuque de Moyse écrit en Hebreu, & en autant de lettres, qui different seulement de celles des Hebreux, pour ce qui est de la figure & de certains petits traits ou pointes: *Samaritani etiam Pentateuchum Moysi totidem litteris scriptitant, figuris tantùm & apicibus discrepantes.* Il assure de plus, comme une chose constante alors parmi les Juifs, au moins parmi ceux qu'il avoit consultez, qu'Esdras au retour de la captivité inventa d'autres lettres, qui sont celles dont les Juifs ſe ſervent preſentement dans leurs exemplaires de la Bible. Enfin ce S. Docteur aprés avoir encore prouvé ce méme nombre de caracteres Hebreux par le Livre des *Nombres*, ajoûte que nous trouvons encore aujourd'hui dans quelques exemplaires Grecs de l'Ecriture le nom de Dieu, qui contient quatre lettres, écrit en ces anciens caracteres: *Et nomen Domini tetragrammaton in quibuſdam Græcis voluminibus uſque hodie antiquis expreſſum litteris invenimus.*

Le Secretaire des Benedictins qui a crû que S. Jerome entendoit par ces mots, *antiquis expreſſum litteris*, les caracteres Samaritains, qui ſont ſelon ce Pere les anciennes lettres des Hebreux, a jugé que tout l'ordre de la Preface étoit changé, parce qu'il n'y a aucune liaiſon entre les Livres des Nombres, où ſont marquées d'une maniere myſtique ces 22. lettres, & entre les anciens caracteres des Samaritains. A quel propos, dit-il, S. Jerome fait-il venir en cet endroit le grand Nom de Dieu écrit en ces anciennes Lettres dans quelques exemplaires Grecs ? *Luxatum manifestè deprehendet locum quicumque seriem orationis attenderit. Nam quid attinet ad characteres Samaritanorum, quod in libro Numerorum sub Levitarum Sacerdotum censu supputatio litterarum viginti duarum mysticè ostenditur ? Quid etiam ad talem* numerum, quod in quibusdam Græcis voluminibus nomen Dei *tetragrammaton antiquis hæbræorum, idest Samaritanis expressum litteris inveniretur ?*

C'est ainsi que ce Reformateur faisant raisonner à sa maniere & selon ses propres idées, S. Jerome, prend la liberté de renverser tout l'ordre des paroles de ce Pere. Il n'a pas vû que quand ce S. Docteur dit qu'on trouve dans quelques exemplaires Grecs de la Bible le grand Nom de Dieu *écrit en caracteres anciens*, il ne parloit pas des caracteres Samaritains, mais en general des caracteres Hebreux. S. Jerome compare en ce lieu-là les lettres Greques avec les Hebraïques, & non pas les caracteres Hebreux des Samaritains avec ceux des Juifs. Les Grecs, principalement aprés Origene, marquoient aux marges de leurs exemplaires, *Jehova*, aux endroits où le mot de *Kurios*, *Seigneur*, qui étoit dans le Grec, répondoit au nom de *Jehova* dans l'Hebreu, pour indiquer qu'on lisoit en ces endroits là le grand Nom de Dieu, que les Septante & les Apôtres aprés eux ont traduit par *Kurios*, *Seigneur*. Les copistes Grecs qui n'avoient aucune connoissance des quatre lettres Hebraïques dont le nom de *Jehova* est composé, en substituerent en leur place quatre autres Greques, savoir *jod*, *he*, *vau*, *he*, qui avoient en effet quelque ressemblance avec les Hebraïques. C'est dans cette vûë que S. Jerome dans la Preface dont il s'agit, avertit ses lecteurs, que le grand nom de Dieu, qui est aux marges de plusieurs Bibles Greques, est *écrit en caracteres anciens*, c'est à dire en caracteres Hebreux, & non pas en lettres Greques. Tout ce qu'il dit avant cela montre seulement que l'alphabet Hebreu des Juifs est composé de 22. lettres, & que les Caldéens, les Syriens & les Samaritains ont un pareil nombre de lettres dans leur alphabet; & il ajoûte à l'égard des derniers, que leurs caracteres sont les anciens caracteres des Hebreux.

Le Peré Martianay qui n'a point compris la pensée de S. Jerome, lui fait dire assurement ce qu'il n'à point voulu dire; & sur ce fondement il reforme toute la preface de ce Pere. C'est sur ce méme pied que les anciens Moines Benedictins, qui se sont érigez en Critiques avec un fort petit fond de litterature, ont biffé & gratté tant de parchemins. Le nouveau Critique va encore plus loin qu'eux: Il ne s'est pas contenté d'attribuer à S. Jerome les fausses leçons de ses parchemins alterez, il a la hardiesse de citer, comme pur & veritable, un texte Hebreu dont l'alteration saute aux yeux, tant il est exact à rapporter ce qu'il a lû dans les Livres manuscrits. Comme il importe beaucoup de ne pas combattre les Juifs par des faussetez, Je ne ferai aucune difficulté de vous marquer l'endroit où le Secretaire des Benedictins se sert dans ses notes d'un parchemin biffé & alteré par quelque Chrêtien, faisant valoir à son ordinaire ce parchemin reformé. C'est au vers. 17. du Pseaume 21. où il y a dans l'ancienne edition Latine: *Foderunt manus meas & pedes meos.* Les Juifs d'aujourd'hui, comme vous savez, traduisent *sicut leo*, au lieu de *foderunt*, parce qu'ils lisent dans l'Hebreu *caari*, & non pas *caru*. Mais la plûpart des Commentateurs Chrêtiens, ceux mémes qui appuyent le plus les exemplaires des Juifs, pretendent avec raison, que l'ancienne version est *caru*, *foderunt*. Si D. Martanay s'en étoit tenu là, il n'auroit avancé rien que de bien sensé. Mais dans la vüe qu'il a euë de refuter le P. Pezron, qui a accusé peu judicieusement les Juifs d'avoir corrompu exprés le texte Hebreu de la Bible, il s'est servi d'une fausseté manifeste. Pour confondre, dit-il, quelques Ecrivains modernes, qui avancent bien des sotises, assurant que cet endroit a été corrompu par la malice des Juifs, il est à propos que j'avertisse le Lecteur curieux, qu'un Manuscrit Hebreu de la Bibliotheque de M. Colbert, cotté 626. conserve encore aujourd'hui la pure & veritable leçon. Car on n'y lit pas *caari*, mais *Karu*, selon l'ancienne leçon qui est celle du Prophete: *Monendus est lector curiosus ad confusionem neotericorum quorumdam scripeorum, qui multas garriunt nugas, obtendentes præsentem litteram malitia Judæorum, esse corruptam, in Biblioth. Colbert. Inveniri adhuc codicem MS. Hebræum, num, 626. qui puram & primævam retinet lectionem: In eo enim non legimus Kaari, hodiernum exſcriptorum, ſed Karu antiquum & Propheticum.*

Où eſt la bonne foi du Secretaire des Benedictins qui oſe impoſer de la ſorte à ſes lecteurs? Le Manuſcrit de la Bibliotheque de M. Colbert, qui n'eſt pas fort ancien, a été manifeſtement retouché: On y lit, comme dans les exemplaires des Juifs d'aujourd'hui *caari*; mais on a fait enſuite du *jod*, qui a été alongé, un *vau*. Ce qui eſt ſi évident, qu'on voit encore ſortir du *vau*, la petite queuë du *jod*. Le correcteur ne ſe ſoucioit pas apparemment qu'on ſçût qu'il avoit reformé exprés ce mot; & c'eſt ce qui fait juger que la correction eſt de la main d'un Chrêtien, qui a voulu rendre conforme la leçon de ce mot, qui eſt de quelque importance, aux verſions des plus anciens Interpretes.

Je veux même convaincre le P. Martianay par ſes propres paroles, de ne rapporter pas fidelement les Manuſcrits qu'il cite. Aprés la remarque qu'il vient de faire, il ajoûte auſſi-tôt que le mot de *caru* a été corrigé dans le Manuſcrit de M. Colbert avec tant de ſoin que là lettre *aleph*, qui eſt ſuperfluë, quand on joint les points voyelles aux mots Hebreux de la Bible, eſt marquée d'un *obele* ou petit trait, ſans qu'il y ait aucun point deſſous cette lettre. Ce qui prouve manifeſtement, dit-il, que le verbe *caru* n'eſt compoſé que de trois lettres, & qu'il faut lire *caru* ſans *aleph*, & alors il ne peut ſignifier autre choſe que *foderunt*: *Tantâ cum diligentiâ eméndatum* [verbum *caru*] *ut aleph quod in hâc voce ſervile eſt & ſuperfluum, ubi puncta vocalia adhibentur, obelo ſeu apice quodam ſuperiori, juguletur ac confodiatur, nulloque puncto inferiori notetur, quo manifeſtè docemur verbum* caru *his tribus tantùm elementis conſtare caph, reſch quod non aliud ſignificare valet, quam* foderunt. Mais ce petit trait qui eſt d'une autre main que la lettre *aleph*, eſt une preuve manifeſte que le Juif qui a copié le MS. a lû *caari*, comme les Juifs liſent preſentement dans leurs exemplaires; en ſorte que l'*obele* ne peut venir que d'un Chrêtien qui a reformé ce mot ſelon ſes prejugez; & parce qu'il croyoit que la lettre *aleph* étoit ſuperfluë, il ne l'a pas ſeulement marquée d'un petit trait; mais il a auſſi biffé le point voyelle qui étoit ſous cette lettre: Et de plus il a dans cette méme vûë alongé le *jod* pour en faire un *vau*, comme je l'ai déja remarqué. Voyez je vous prie vous-méme le Manuſcrit de M. Colbert. Il ne faut que des yeux & une tres-mediocre connoiſſance de la Langue Hebraïque pour y découvrir tout d'un coup ce que je viens de vous dire.

Au reſte je ne crois pas que le P. Martianay ait lui-méme reformé ce Manuſcrit. Comme il eſt habile dans ſon mêtier, il n'auroit pas laiſſé ſortir ſi viſiblement de la lettre *vau* la queuë du *jod*. Car en grattant fort legerement le parchemin à l'endroit de la pointe de cette petite queuë, il n'auroit paru aucune marque de la lettre *jod*. Mais le Chrêtien qui a accommodé ce mot à la leçon qu'il croyoit veritable & originale, a bien voulu qu'on reconnût sa correction. Il n'y a que le Secretaire des Benedictins qui puisse s'imaginer qu'un Juif en soit l'Auteur. Il a cru que Dom Pezron qu'il attaque en ce lieu là, n'y regarderoit pas de si prés. Les Chrêtiens ont des preuves tres-fortes pour défendre contre les Juifs cette ancienne leçon *caru*, sans recourir à des faussetez. R. Jacob Haiim qui a fait imprimer la Massore avec les grandes Bibles Hebraiques de Bombergue, assure qu'il l'avoit trouvée dans de bons exemplaires MSS. Isaac Levita savant Juif converti & Professeur en Hebreu à Cologne, appuye de toute sa force le témoignage de R. Jacob, lorsqu'il nous apprend, qu'il avoit vû autrefois chez son pere un Psautier Hebreu où on lisoit dans le texte *caru*, & à la marge *cari*. Il ne doute pas qu'il n'y eût autrefois *caru* dans tous les exemplaires Hebreux: *Hoc idem ego Joannes Isaac ipsa veritate & bonâ conscientiâ testari possum, quod hujusmodi Psalterium apud avum meum viderim, ubi in textu scriptum erat* caru, *& in margine* cari, *& ita omnia olim exemplaria habuisse haud dubito.* Vous remarquerez que dans cet ancien exemplaire on lisoit *caru* avec la lettre *aleph*. Car, comme le même Isaac Levita ajoûte, cette lettre *aleph* se met souvent dans l'Hebreu pour la voyelle *camets*: *Cùm sæpius* aleph *sic pro vocali camets ponatur.* Et il en donne des exemples. Enfin la petite Massore, autrement la Massore marginale, nous fournit encore une forte preuve de l'ancienne leçon *caru*, & elle suppose en méme temps qu'il faut conserver la lettre *aleph*, que le reformateur du Manuscrit de M. Colbert a marqué d'un *obele* ou petit trait.

Il y auroit lieu, Monsieur, d'appliquer ici à Dom Martianay ce que Naudé a dit des Moines de cette méme Abbaye de S. Germain des Prés, dans un *Factum* qu'il publia contr'eux sous le titre de *Raisons peremptoires*, & qui est devenu fort rare. Il y dit serieusement que le froc Benedictin est un privilege pour avancer impunement des faussetez. C'est sans doute ce froc qui a fait dire à leur Secretaire dans son troisiéme Prolegomene, que M. Simon sans se faire connoître ayant demandé à voir le canon Hebreu de S. Jerome, tout le corps lui trembla à la seule vuë de ce Canon: *Criticum hominem invasit timor ad præsentiam Canonis Hebraicæ veritatis.* Il est bon que vous sachiez ce qui causa ce pretendu tremblement. Ce fut, continuë ce Moine, une scolie qui est au commencement du Deuteronome, où vis à vis de ces mots *trans Jordanem* qui sont dans nôtre edition Latine, on lit a la marge du Manuscrit Hebreu, *in transitu Jordanis*: Ce qui montre évidemment, dit-on, contre quelques nouveaux Critiques, que Moyse a écrit le Pentateuque, & que le mot *beever*, qui est dans le texte Hebreu, doit étre traduit par *in transitu*, c'est à dire *au passage*, & non pas par *trans*, c'est à dire *au dela*: Velint, nolint, Deuteronomij scriptor fuit ipſe Moſes; *nec temeritati neotericorum deinceps relinquitur locus, quoniam ſcholia marginalia Canonis Hebraïcæ veritatis apertiſſimè demonſtrant vocem Hebraïcam* beever, *non* trans, *eſſe reddendam ſed* in tranſitu.

Ce qu'il y a de vrai dans ce conte fait à plaiſir, c'eſt que M. Simon prenant ce Manuſcrit de la main droite qui lui tremble depuis plus de 20. ans, ce Manuſcrit lui échapa de la main. Quelques perſonnes à qui Dom Martianay parla enſuite d'un ton fort ſerieux de ce tremblement cauſé a la vüe d'une ſcolie de ſon canon Hebreu, ne purent s'empêcher d'en rire. Ils l'avertirent méme de ne pas écrire cette ſotiſe, parce qu'une infinité de gens qui connoiſſoient M. Simon, ſavoient que la main droite lui trembloit depuis long-temps. En effet vôtre ami ayant lû ce conte dans les Prolégomenes, témoigna à quelques Benedictins de ſes amis, qu'il avoit été preſent à tout ce qui s'étoit paſſé dans l'entretien que M. Simon avoit eu avec le P. Martianay, & qu'il étoit de leur honneur de ne pas approuver une fable ſi mal imaginée. Je ne vous ai fait ce petit détail, qu'afin que vous connoiſſiez mieux l'eſprit de ce grand homme que les Benedictins employent à une nouvelle edition des ouvrages de S. Jerome. Venons à la ſcolie dont il eſt queſtion.

Vous pourrez apprendre de vôtre ami que ce fut cette ſcolie qui fit d'abord juger à M. Simon, que ces ſcolies qui étoient attribuées à S. Jerome par le Secretaire des Benedictins, n'étoient point de ce Pere, qui s'étoit proposé dans sa nouvelle traduction de ne s'éloigner que le moins qu'il pourroit des locutions de l'ancienne Vulgate, qui étoit alors entre les mains de tout le monde. Il n'y avoit donc pas d'apparence qu'il eût corrigé lui-même à la marge de son edition le mot de *trans*, dont il s'étoit servi aprés les anciens Interpretes. Quoi ! ce Saint Docteur qui avoit pris les Juifs de son temps à témoin de l'exactitude & de la fidelité de sa nouvelle version sur l'Hebreu, auroit-il dit dans sa note, qu'il avoit mal traduit le mot de *Beever* par *trans*, & qu'il faloit traduire, *in transitu*, qui est plus à la lettre ? Mais vous n'ignorez pas que le sens purement grammatical, & qu'un de nos Ecrivains nomme *pedantesque*, n'étoit point du goût de S. Jerome, qui le rejetta dans sa Lettre à Sunnia & à Fretela, comme une fausse exactitude. Si Spinosa & quelques autres ont abusé du mot de *trans* pour prouver que Moyse n'est pas l'Auteur de tout le Pentateuque, on ne doit pas pour cela accuser les anciens Interpretes d'avoir mal traduit le mot Hebreu *beever* ; mais on donnera au mot de *trans* qui est dans le Latin, & à *peran* qui est dans le Grec des Septante la même signification, qu'à celui de *beever*, qui est dans le texte Hebreu. C'est une regle qu'on doit appliquer à plusieurs autres endroits de la version de S. Jerome, aussi bien qu'aux anciens Interpretes Grecs, si on veut leur rendre Justice. Mais ce digne enfant de S. Benoist, s'est servi malicieusement de cette rare découverte de son scholiaste pour rendre odieux M. Simon, comme s'il avoit ici appuyé les sentimens de Spinosa.

Il est aisé de convaincre ce Moine d'imposture par les paroles mêmes de M. Simon, qui a refuté là-dessus Spinosa sept ans avant l'edition de la pretenduë Bibliotheque de S. Jerome. Voici ce qu'il dit à la page 43. col. 2. de son Traité de l'inspiration des Livres Sacrez. La premiere objection de „ Spinoza tombe sur le mot de *beever*, qui est „ au commencement du Deuteronome. Il „ est constant, dit-on, que Moyse n'a point „ passé le Jourdain, & par consequent les „ paroles du Deuteronome n'ont pû être é„ crites que par des Israëlites qui étoient au „ delà de cette riviere. On peut répondre „ à cela que le mot Hebreu ne signifie à la „ lettre ni au deça, ni au delà, mais simple„ ment *au passage*. C'est ainsi qu'il faut tra„ duire ces premiers mots du Deuteronome: „ *Voici les paroles que Moyse a dictées à tous les* „ *Israëlites au passage du Iourdain*. Il n'y a que „ le fait dont il s'agit qui puisse nous déter„ miner à l'entendre plûtôt d'un côté de la „ riviere que de l'autre; & quand nous sup„ poserions même avec Aben-Esra, qu'on „ le doit expliquer en ce lieu là du côté d'au„ delà, que peut-on en conclurre autre cho„ se, sinon qu'on auroit changé *au deça* en *au* „ *delà*, pour rendre le sens plus net par rap„ port à la situation des Israelites, quand ils „ eurent passé le Jourdain: Ce qui est treséloigné de la pensée de Spinosa qui en con-« clut que Moyse n'a point écrit le Penta-« teuque. Voila de quelle maniere M. Simon a appuyé le sentiment de Spinosa. Mais il faloit que le Secretaire des Benedictins usât du privilege que lui donne son froc. *O sacrum scurram !*

Ce sera sans doute à ce coup que Dom Martianay me traitera de *sycophanta*, comme il a fait M. Simon dans son 3e. Prolegomene. En voici le sujet. Le P. Mabillon avoit rapporté à la fin du tome 4. de son edition de S. Bernard un decret des Moines de Cisteaux, qui s'érigeant en critiques des Livres Sacrez sans avoir aucune connoissance de la Langue Hebraïque, avoient cependant reformé sur le texte Hebreu les exemplaires Latins de nôtre Vulgate. Ce nouveau decret des Moines de Cisteaux a été si fort au goût du P. Martianay, qu'il l'a fait imprimer plus d'une fois. Il porte le titre de *Censure de quelques passages de la Bible faite par Etienne Abbé de Cisteaux.* La metode de cet incomparable Massorethe est admirable ; & quoi qu'en dise le Secretaire des Benedictins, je ne crois pas qu'on puisse rien trouver de semblable dans toute l'antiquité.

L'Abbé Etienne tout étonné de la grande diversité qui étoit entre les exemplaires Latins, appella à son secours des Juifs qui passoient pour habiles ; & sur ce qu'ils lui dirent il gratta & reforma ses parchemins, se servant pour cela d'un exemplaire qu'il jugea plus correct que les autres : *Omnia superflua prorsus abrasimus.* Il est vrai que M. Simon n'a pas approuvé dans un de ses ouvrages la metode de ce nouvel Esdras de Cisteaux, & qu'il a méme ajoûté, que si les Benedictins de la Congregation de S. Maur publioient un Canon Hebreu de S. Jerome, comme ils l'avoient promis depuis long-temps, ce seroit un Canon semblable à celui de Cisteaux. En effet ceux qui voudront prendre la peine de consulter ces Canons Hebreux tant vantez par le P. Martianay, les trouveront grattez & biffez en plusieurs endroits. Si nous pouvions comparer l'exemplaire de Cisteaux avec ceux qui sont presentement dans la Bibliotheque de S. Germain des Prés, nous y verrions de belles choses. La seule diversité qui est de l'aveu méme de ce Pere entre tous ces pretendus Canons Hebreux, est une preuve convaincante de la temerité de ces Censeurs *gratte parchemins.*

S. Jerome, dit cet incomparable Critique dans son troisiéme Prolegomene, qui renvoye souvent aux Docteurs Juifs, ceux qui ne pouvoient approuver sa nouvelle Traduction sur l'Hebreu, n'a-t'il pas servi d'exemple aux Moines de Cisteaux? C'est à son imitation que ces Saints hommes ont pris des Juifs pour leurs guides: *Quasi in eo emendationis genere præmonitus non esset* [Stephanus] *ab ipso Hieronimo, qui sæpius inculcat Judæos esse interrogandos, & diversarum urbium Magistros consulendos, si quid in sua nova de Hebræo emendatione lectorem movere contingat.* Mais quel rapport y a-t'il entre S. Jerome qui étoit savant dans la Langue Hebraïque, & les Moines de Cisteaux qui n'en connoissoient pas même les caracteres. On objectoit de toutes parts à ce Pere, qu'il avoit entrepris trop hardiment une nouvelle version de la Bible sur l'Hebreu, comme s'il avoit mieux sû cette Langue que les Septante qui étoient Juifs. Quelques-uns même de ses ennemis lui reprocherent qu'il ne savoit pas assez la Langue Hebraïque pour réüssir dans un ouvrage de cette importance. A quoi il répond, qu'on n'a qu'à consulter les Juifs de differens lieux sur la nouvelle Traduction; qu'il les en fait entierement les juges. Quel rapport ce fait a-t'il avec celui d'Etienne Abbé de Cisteaux qui connoissant son ignorance, biffe & gratte ses parchemins sur ce que lui disent les Juifs & sur quelques autres parchemins, qui avoient aussi passé par les mains des Moines.

Je ne vous parlerai point des autres emportemens du P. Martianay contre M. Simon, qu'il accuse de porter envie aux travaux utiles des anciens Moines & de ceux d'aujourd'hui : *Qui utilibus veterum & hodiernorum Monachorum laboribus invidet.* Mais loin d'être envieux de leur travail, il n'alla à l'Abbaye de S. Germain, que pour leur faire offre de quelques remarques critiques qu'il avoit sur S. Jerome, comme vous pouvez l'apprendre de vôtre ami, qui le porta à cela. Et pour ce qui est des injures grossieres dont ce Moine le charge, il n'a point d'autre réponse à lui faire, sinon que c'est un Moine noir qui se sert du privilege que lui donne son habit.

On sait assez dans le monde de quoi sont capables ces Moines qui portent le nom de *Monachi nigri*. Si ceux du Mont Cassin n'ont point épargné dans leurs libelles le Cardinal Baronius à la vûë même du Pape, il ne faloit pas attendre que ceux de la Congregation de S. Maur épargnassent M Simon. Ces Moines sont si liberaux de leur froc, que l'ayant donné à S. Gregoire le Grand, ils ne purent souffrir, que ce Cardinal eut avancé dans ses Annales, qu'il étoit faux que S. Gregoire eût été Moine Benedictin, ils publierent aussi-tôt un Livre sous ce titre: *Gregorius Magnus instituto Sanctissimi Patris Benedicti restitutus*. Mais Antoine Gallon savant Prêtre de l'Oratoire de Rome prenant la défense de son confrere Baronius, leur fit une réponse fort vigoureuse; & comme elle est devenuë fort rare, je vous en marquerai quelque chose en attendant qu'on la fasse réimprimer avec quelques autres pieces sur la même matiere. Elle est imprimée à Rome, *in* 4. avec ce titre: *Apologeticus liber. Antonij Gallonij Congregationis Oratorij Præsbyteri, pro assertis in Annalibus Ecclesiasticis de Monachatu S. Gregorij Papæ adversus D. Constantinum Bellotum Monachum Cassinatensem; cui accedit responsio de ijsdem ad alium ejusdem ordinis Monachum. Romæ ex Typographiâ Vaticanâ anno* 1604. *superiorum concessione.*

[J]e vous avoüe que si l'on neconnoissoit d'ailleurs la pieté du P. Gallon aussi bien que celle

celle de Baronius, on croiroit qu'il y auroit de l'emportement dans cette réponse, où l'on accuse les Moines de produire pour la défense de leur cause, des pieces dont les Auteurs meriteroient le méme supplice que Cicarelle. Etrange comparaison ! Ce Cicarelle fit *i longum* pour ses faussetez, par l'ordre du Pape Pie V. Il est vrai que le méme Gallon avoue qu'il revele des choses qui ne devroient jamais venir à la connoissance du public; mais il ajoûte en méme temps, que l'impudence extreme de ces Moines l'a engagé à les écrire. Il leur objecte un grand nombre d'actes faux qui avoient été fabriquez au Mont-Cassin sous les noms des Papes & des Princes. Tous ces actes ont été imprimez à Venise in 4. en 1513. à la fin de la Chronique de ce Monastere. Il ne s'agit de rien moins dans ces faux titres, que d'attribuer aux Moines du Mont-Cassin des possessions & méme des Villes entieres.

Il est vrai que le Moine Constantin produit pour la défense de son Monastere, des titres qui se trouvoient dans sa Bibliotheque écrits en caracteres Lombards, & qui par consequent ne pouvoient pas avoir été forgez de nouveau. Mais Gallon qui connoissoit à fond les pratiques des Moines Benedictins répond, que tout ce qui est écrit parmi eux en ces anciens caracteres, ne doit point faire foi, comme s'il étoit scellé du sceau de l'Apocalypse; qu'on sait fort bien qu'ils ne manquent point d'Ecrivains qui ont la main assez bonne pour contrefaire les caracteres Lombards: *Ac si quidquid eo caractere* (Longobardico) *exaratum invenitur tanquam sigillo Apocalypsis sit consignatum in dubitationem non liceat revocare, & desint hodie quoque scriptores qui eorumdem formam elementorum valeant imitari, ut plus apud te probat genus caracteris, quam veritas manifestis rationnibus confirmata.* La Charge de Dom Tirrier chez les Benedictins, comme vous voyez, n'étoit pas moins connuë alors en Italie, qu'en France. Mais demeurons en là. Je ne vous ai parlé de ceci qu'à l'occasion des injures dont le P. Martianay a chargé fort grossierement M. Simon. Aussi celui-ci n'attaque-t'il point dans les memoires qu'il m'a communiquez, ces faux titres qui sont si communs parmi eux. Personne n'ignore aujourd'hui les petits usages de ces bons Religieux, qui font tout, *ad majorem S. Benedicti gloriam, & ad redimendam vexationem.* Je suis obligé de retourner à ma campagne; mais vous aurez encore de mes nouvelles aprés les Fêtes. Je suis,

MONSIEUR,

Vôtre tres-humble, &c.
I. S. E. D. B.

A Dieppe le 23. Decembre 1693.

DE'FENSE DE LA BIBLE DE S. JEROSME CONTRE LA CRITIQUE DE M. SIMON. CI-DEVANT PRESTRE DE L'ORATOIRE.

PREFACE.

IL arrive souvent par une juste conduite de la Providence que la calomnie tourne au desavantage des calomniateurs, & que les moïens dont ils se servent pour diffamer leurs adverſaires, ſe changent en autant de voix qui publient leur propre malignité, & qui font connoître le merite de ceux qu'ils entreprennent de noircir. C'eſt ce qui eſt arrivé plus d'une fois à *M. Simon ci-devant Prêtre de l'Oratoire*, & c'eſt ce qui lui arrive encore aujourd'hui par le libelle qu'il vient de mettre au jour contre la *Bibliotheque divine de* S. *Jerôme*. Car bien loin d'y donner atteinte à la reputation de *S. Benoiſt* & de *ſes dignes enfans*, contre leſquels il s'eſt déchaîné avec tant de paſſion; il ne peut que ſe détruire lui-même en faiſant revivre en nos jours cet ancien *Prêtre Florent*, dont la fin malheureuſe fit connoître à la poſterité l'eſprit qui le pouſſoit à calomnier une ſainte Congregation encore naiſſante, *antiqui hoſtis malitiâ perculſus*; & ce que doivent attendre ceux qui ſe rendent imitateurs d'un ſi méchant Prêtre.

On avoit déja vû quelques libelles de M. Simon, où il attaque pluſieurs grands Abbez de nôtre Ordre, que l'Egliſe reçoit au nombre des Saints; mais aujourd'hui il pouſſe ſon impieté juſques à croire me faire une injure en me nommant pluſieurs fois *digne enfant de S. Benoiſt*: voulant faire comprendre aux Lecteurs par le ſens qu'il attache à ces paroles, que Saint Benoiſt eſt le Patriarche des fauſſaires, & que ſes dignes enfans ſont ceux qui ſçavent mieux corrompre l'Ecriture & les Ouvrages des Peres: Je ne m'étonne donc plus de me voir traité de *corrupteur* & de *falſificateur*; puiſque les plus grands Saints de l'Egliſe de Jeſus-Chriſt ſont qualifiez du même titre dans les libelles de M. Simon: *Si patrem familias Beelzebub vocaverunt ; quanto magis domesticos ejus ?* Et loin de tenir à injure d'être appellé *digne enfant de S. Benoist*, je bornerai toute mon ambition à pouvoir lui devenir semblable par l'imitation de ses vertus, & particulierement par l'amour des ennemis dont il donna de si glorieuses preuves à la mort du fameux *Florent*.

Ce n'est pas le seul endroit par où M. Simon fait mon éloge & celui de mes Ouvrages en tâchant de les décrier : le silence qu'il garde dans sa Critique à l'égard de tant de remarques que j'ai fait pour détruire les fausses idées dont il a rempli le monde, nous fait assez connoître qu'il se sent vaincu dans mon *Prodrome* & dans le premier volume de nôtre édition de Saint Jerôme ; mais qu'il n'a pas assez d'humilité ni assez de bonne foi, pour confeſſer qu'il s'eſt trompé fort groſſierement en bien des endroits de ſa Critique du vieux Teſtament ; & qu'on a eu raiſon de le relever & de l'en reprendre.

J'ai fait une remarque dans le *Prodrome* ſur le titre de la Lettre à Sunnia & à Fretela, & ſur les paroles de Saint Jerôme au commencement de la même Lettre, qui renverſe du premier coup le faux ſyſteme de la Critique du vieux Teſtament, & qui fait ſauter la tête à ce grand chef-d'Oeuvre de M. Simon. Il dit dés l'entrée de ce dangereux Livre, que cette ſorte de Cri- « tique étoit alors (*du tems de* « *Saint Auguſtin*) tellement en « uſage, que pluſieurs Dames de « qualité en faiſoient une étude « particuliere, & que Saint Je- « rôme étoit ſouvent occupé à « répondre aux difficultez qu'el- «

» les lui propoſoient touchant les » diverſes leçons de l'Ecriture Il » n'y a rien, ajoûte-t-il, de plus » docte ſur cette matiere, que la » réponſe de ce Pere à Sunnia & » à Fretela, qui lui avoient é- » crit du fond de l'Allemagne » une Lettre, où elles font pa- » roître qu'elles n'étoient pas » moins ſçavantes dans les Lan- » gues Grecque & Hebraïque, » que dans la Latine, &c.

Comme cette ſuppoſition eſt tres fauſſe & tres-ridicule, je n'ai pas manqué, quand j'ai fait imprimer la Lettre à Sunnia & à Fretela, de combattre ce ſyſteme, & de montrer ſur la foi des anciens monumens & par les propres termes de S. Jerôme, que *Sunnia* & *Fretela* étoient des *Meſſieurs*, & non pas des *Dames*; & qu'ils étoient auſſi ignorans dans la Langue Hebraïque, que le ſont aujourd'hui tous ceux qui ne l'ont jamais apprise. Une bevûë de cette nature au commencement d'un Ouvrage que M. Simon regarde comme l'instrument de sa gloire & de sa grande reputation, ne meritoit pas sans doute qu'on en épargnât l'Auteur. Je l'ai neanmoins épargné, ne voulant pas le nommer dans les Notes du *Prodrome* : & lui faisant même l'honneur de l'y placer parmi les gens d'érudition : *Cæterum Sunniam Fretelamque matronas fuisse eruditi nonnulli Scriptores asserunt*, &c. Cela meritoit bien un mot de retractation lorsque M. Simon a parlé du *Prodrome* & du *Secretaire des Benedictins*; mais ni les aveus de ses fautes ni les retractations ne sont point du goût de nôtre Critique, qui s'imagine qu'il est indigne d'un grand homme de reconnoître qu'on a pû se tromper ; & qui même insulte à la bonne foi & à la modestie de ceux qui confessent s'être trompez en quelque chose.

Il n'en a pas mieux usé à l'égard des Prolegomenes & de plusieurs autres Notes du premier volume de nôtre édition des Ouvrages de Saint Jerôme. Au lieu de se retracter, ou de défendre sa Critique du vieux Testament qu'on y bat en ruine en cent endroits differens, il a été muet sur tout ce que je lui avois objecté, & sur tout ce que j'avois refuté. Et quoi qu'il m'ait menacé depuis six ou sept ans de *pulveriser mon S. Jerôme*, on l'a vû enfin laisser tomber les foudres de ses mains, & n'avoir plus que de la bouë pour me la jetter au visage. Voilà donc ce Critique si redoutable reduit à la condition d'un sac rempli d'injures ; le voilà dans l'inſuffiſance de diſputer avec les honnêtes gens & de défendre ſes ouvrages.

J'étois bien ſeur de cette inſuffiſance avant que de voir la *Critique de la Bibliotheque divine de S. Ierôme ;* parce que je n'ai rien avancé contre M. Simon, que je n'aye prouvé, & que je ne puiſſe ſoutenir par tous les anciens monumens des Egliſes & des Bibliotheques de toute l'Europe. Il l'a lui-même trop ſenti, puiſqu'il a deſeſperé de pouvoir me répondre, ſans commencer par decrediter tous les manuſcrits, & par nous faire douter de l'Ecriture & de la Ttadition. Ce ſont là aſſurément de grands excés & une Critique bien têmeraire : elle ſe trouve neanmoins dans le libelle de M. Simon, pag. 25. & 26. où il tâche de rendre croïable la pretenduë alteration de tous les Manuscrits, en disant : *Je répons à cela que les Moines Benedictins étoient alors en Europe les maîtres de tout ce qui appartenoit à la litterature* ; d'où il conclud que tous les anciens monumens sont suspects d'alteration & de falsification, parce qu'ils ont été revûs par des Moines qui se donnoient la liberté de tout reformer. On voit donc par ces admirables remarques de nôtre Critique, qu'on peut douter de la verité & de l'exactitude de tous les anciens monumens qui sont conservez dans toutes les Bibliotheques de l'Europe, & qu'il n'y a ni Bibles, ni Ouvrages des Peres dont on ne puisse avoir quelque preuve de corruption & de falsification.

C'est ici le lieu de faire connoître à M. Simon ce qu'un habile Lutherien disoit un jour de lui en s'entretenant avec le R.

Pere Courtot ſçavant Cordelier. L'Auteur de la Critique du vieux Teſtament, diſoit ce Proteſtant, eſt un homme qui travaille beaucoup : mais en verité cet homme ne travaille que pour nous faire douter de tout, & nous rendre des ignorans, *Profectò iſte multum laborat ut nihil ſciamus.* Ce ſentiment eſt tres-conforme à ce que je viens de rapporter ; car pour peu d'attention qu'on veüille faire ſur les ſuppoſitions de nôtre fameux Critique, l'on verra qu'il n'eſt rien de ſeur dans la litterature, & qu'on ne ſçait point preſentement ce qu'on ſçavoit avant lui: *Multum laborat ut nihil ſciamus.*

Mais puiſqu'il travaille de toutes ſes forces à nous faire douter de tout, en tâchant de décrier la fidelité de nos anciens *Reviſeurs de Manuſcrits ;* il eſt important de l'inſtruire par ſes propres paroles, & de lui montrer qu'il blâme aujourd'hui ce qu'il a loüé autrefois en parlant des Bibles de Robert Estienne. *Outre ces anciennes Editions de la Vulgate*, dit M. Simon au Catalogue des principales Editions de la Bible, page 526. *Robert Estienne en a donné plusieurs au public avec les diverses Leçons qu'il avoit tirées de tres-bons exemplaires manuscrits, s'étant aussi servi de l'Edition d'Alcala*; Et plus bas encore: *En un mot Robert Estienne est un de ceux qui a le plus travaillé à corriger l'Edition vulgate, & il a été heureux dans la recherche qu'il a faite des bons Exemplaires Latins.*

Ceux qui lisent ce témoignage dans la Critique du vieux Testament, ont d'abord la curiosité de sçavoir qui sont ces personnes qui ont communiqué ces *tres-bons Exemplaires manuscrits*

crits à Robert Eſtienne, & ſur quels Exemplaires Latins ce ſçavant homme a fait ſes Editions de la Bible. Quand j'ouvre donc l'édition Vulgate de R. E. je trouve que la Bibliotheque de ſaint Germain des Prez a fait tout ſon bonheur *dans la recherche qu'il a faite des bons Exemplaires Latins.* Il nous apprend lui-même dans ſa Preface ou avis au Lecteur, qu'aïant reſolu de faire imprimer les Livres ſacrez de l'ancien & du nouveau Teſtament, il jugea qu'il étoit important de conſulter auparavant les anciens Exemplaires manuſcrits; afin de corriger tout ſur la foi de ces monumens, & de ſatisfaire par là certains Lecteurs ſcrupuleux, qui s'offenſent auſſi-tôt s'ils voient quelque petit changement dans les nouvelles Editions. En effet il viſita les Bibliotheques de Paris,

& ſur tout celle de ſaint Germain des Prez, où il rencontra un Exemplaire tres-ancien, qui avoit été revû & corrigé par d'habiles gens, avec tant de ſoin & avec une exactitude ſi grande, que Robert Eſtienne ne fait pas difficulté de dire, qu'il ne penſe pas qu'on puiſſe en voir un autre ſemblable. Nos Bibliothecaires de Saint Germain & de Saint Denys lui communiquerent encore deux autres manuſcrits qui approchoient beaucoup de l'exactitude & de la fidelité du premier. C'eſt ſur ces Mss que Robert Eſtienne a fait imprimer ſes Bibles, ſuivant en tout les corrections qu'il y avoit trouvées, & n'oubliant pas même les petits accens que les *Doms Reviſeurs* y avoient ajoûté pour ôter l'ambiguité de certains mots. L'endroit eſt trop beau & trop important à nôtre ſujet pour ne pas l'expoſer aux yeux du Lecteur, & pour ne pas en rafraîchir la memoire à M. Simon. Voici comment il commence.

LECTORI.

CVm ſacratiſſima utriuſque Teſtamenti Biblia typis noſtris exprimere ſtatuiſſemus, Chriſtiane Lector, operæ pretium facturos eſſe arbitrati ſumus, ſi priùs, quàm aggrederemur rem ipſam, vetera exemplaria conſuleremus, inde germanam lectionem excerpturi, quò authoritate eorum fulti & quæ depravata eſſent, reſtitueremus, & ſcrupuloſis quibuſdam lectoribus ſatisfieret, quos vel unius verbuli immutatio ſolet offendere. Cum itaque anno M. D. XXIIII. hujus urbis pervetuſtas Bibliothecas evolveremus, eam maximè quæ eſt apud D. Germanum à pratis, in manus tandem noſtras pervenit exemplar quoddam miræ vetustatis, quod ut manu diligentissime scriptum, ita & à viris doctis, ut videre licet, accurate perlectum erat, &, si quando librariorum vitio mendæ irrepsissent, tanto studio castigatum, ut non credam aliud usquam pari. Ejus nobis copiam libenter fecerunt qui illi Bibliothecæ præerant. A quibus & alterum, simili prope diligentia conscriptum mutuo accepimus: in quo (ut fuerunt observantissimi minimarum etiam rerum patres nostri) videas accentus superscriptos dictionibus ambiguæ significationis quod & imitati sumus. Nec his quidem contenti, evolvimus & Bibliothecam S. Dionysii: in qua unicum exemplar reperimus, quod ad fidem prædictorum accederet, tametsi multa alia illic visuntur, sed quæ elegantia tantum scripturæ nostra superent, non item fidelitate.

Il n'eſt pas beſoin de faire remarquer aux Lecteurs que ſi cet endroit eſt accablant pour tous ceux qui declament aujourd'hui contre nos Manuſcrits, c'eſt un coup de foudre pour M. Simon & pour toute ſa *Critique de la Bibliotheque divine de Saint Ierôme*, où il emploie tout ſon eſprit & toute ſon erudition à rendre ſuſpects d'alteration tous les Manuſcrits de l'Europe, & à faire paſſer pour des fauſſaires tous les Diſciples de Saint Benoiſt, anciens & nouveaux. Mais qui croiroit encore, que le *Canon Hebreu de S. Ierôme*, l'ennemi capital de M. Simon, eſt ce même Manuſcrit ancien & incomparable dont parle Robert Eſtienne, & dont il prefere la fidelité & l'exactitude à tout ce qu'il y a d'exemplaires manuſcrits de la Bible? Le *Canon de la verité Hebraï-*

que, imprimé dans nôtre 1. Tome des Oeuvres de Saint Jerôme, eſt en effet un Manuſcrit fort ancien & d'une bonne main; il a été revû & corrigé avec le dernier ſoin par d'habiles gens : & c'eſt cela même que j'ai remarqué dans cent endroits de mes Notes, en diſant : *Canon emendatus* &c. Quelle honte donc & quelle confuſion n'eſt-ce pas pour nôtre fameux Critique, d'avoir loüé dans ſon grand chef-d'œuvre ſur les Livres du vieux Teſtament, le même Manuſcrit qu'il voudroit rendre odieux par ſon nouveau libelle ? Quelle gloire au contraire pour nôtre *Canon Hebreu*, c'eſt-à-dire, pour nôtre édition de *la Bible de Saint Jerôme*, & pour nos anciens Peres qui l'ont corrigé, d'avoir pour Panegyriſtes les Roberts Eſtiennes, le Pape Leon X. & les Bibles Latines imprimées en Eſpagne, qui ſont entierement conformes à nos Manuſcrits de Saint Germain & de Saint Denys, dont Robert Eſtienne s'étoit ſervi? *Noſtris ſumptibus allata ſunt Biblia illa Hiſpanienſia, à Leone X. Pontifice maximo tantopere laudata. Contulimus illico noſtram tralationem, quæ in illis inſerta eſt, cum noſtris exemplaribus, quorum ſupra meminimus, deprehendimuſque per omnia fere conſentire. Diceres Hiſpanos illa ex noſtris exemplaribus impreſſiſſe.*

S'il étoit neceſſaire d'ajoûter de nouveaux éloges pour rendre recommandable nôtre premier volume des Ouvrages de S. Jerôme, & du Canon Hebreu qui en fait la premiere partie, je pourrois parler ici des Benedictions, des Indulgences & des beaux preſens dont nôtre S. Pere le Pape Innocent XII. a comblé nôtre Edition. Je pourrois citer l'approbation que lui ont donné les Docteurs de Sorbonne, & ce qu'en ont écrit les Sçavans de Rome & de Paris. Mais j'ai ſongé que le plus infaillible moïen de confondre M. Simon, c'étoit de refuter ſa Critique, & de faire connoître au public par des faits conſtans, que cet Ouvrage n'eſt proprement qu'un tiſſu continuel de fauſſes hiſtoires, de fades plaiſanteries, d'imputations ridicules, de pures calomnies & d'impoſtures groſſieres.

§.* I.

Objections de M. Simon touchant les ſcolies & les exemplaires du Canon Hebreu de Saint Ierôme.

POur éviter la confuſion & les embarras où l'on pourroit tomber en liſant tout de ſuite la Critique de M. Simon, j'ai jugé qu'il étoit à propos de ſeparer ſes objections & de les renfermer dans de petites ſections ; afin qu'on en vit mieux la foibleſſe & la fauſſeté en les conſiderant les unes aprés les autres avec la réponſe que je fais à chacune. Il commence donc ſon libelle par la Critique des Scolies & des Exemplaires manuſcrits du Canon de la verité Hebraïque (qui eſt ſans contredit la veritable & la pure Traduction Latine que Saint Jerôme a faite ſur le Texte Hebreu) & aprés avoir rapporté quelques Hiſtorietes qu'il a forgées comme il a voulu, il pourſuit ainſi, page 6. & 7.

Vous ne ſçauriez vous imaginer juſqu'à quelle bizarerie les Moines porterent cette affaire dans la ſuite. Aprés en avoir deliberé entr'eux ces venerables Manuſcrits furent mis comme en dépôt ſacré dans la chambre de l'Aſſiſtant de leur General. Vôtre ami qui les vit plus d'une fois pour leur ôter de l'eſprit la penſée qu'ils avoient, vous dira qu'ils parurent extrêmement jaloux de leurs Manuſcrits. Et quoi qu'on ne pût attribuer à Saint Jerôme les Scolies dont il eſt queſtion, que par une ignorance groſſiere, il ne fut cependant pas poſſible de les détromper ; on parloit à des ſourds. Mais enfin leur Secretaire pour n'avoir pas voulu écouter ce qu'on lui diſoit, a été obligé de ſe retracter honteuſement dans ſes Prolegomenes, & d'avoüer que les Scolies qu'il avoit ſoûtenu dans ſes Notes être de Saint Jerôme, n'étoient pas veritablement de lui.

Pag. 8. & ſuiv. Il vous témoigna de plus, &c. & qu'à l'égard de ces Canons Hebreux tant vantez par les Benedictins, ce n'étoit point le veritable Canon Hebreu de Saint Jerôme; mais de faux Canons de la façon des anciens Moines, hardis *Correcteurs*, pour ne pas dire *Corrupteurs* des meilleurs Livres. Il n'y a perſonne qui puiſſe douter de ce fait aprés avoir lû avec tant ſoit peu d'application cette pretenduë Bibliotheque de S. Jerôme.

Ce que le Secretaire des Benedictins a avancé ſur ces Canons Hebreux dans ſon fameux *Prodrome*, & ce qu'il dit dans ſes remarques ſur le Pentateuque touchant les Scolies qu'il aſſuroit hardiment être de ce Pere, ne s'accorde nullement avec les autres notes qui ſont ſur les Livres des Rois & ſur le reſte de l'Ecriture. Il eſt obligé de reconnoître ſur ces derniers Livres, que les Canons Hebreux qu'il avoit crû être de S. Jerôme, ſont des Livres alterez & corrompus en une infinité d'endroits par des Copiſtes, qui ont pris la liberté d'ôter de nos Bibles Latines les veritables paroles du texte de ce Pere, pour mettre en leur place des Scolies qu'ils liſoient aux marges de leurs exemplaires Latins.

Il faut être bien peu habile pour ne pas voir qu'il eſt impoſſible que Saint Jerôme, qui prend à témoin tous les Juifs d'alors, de la fidelité de sa nouvelle traduction des Livres sacrez sur le Texte Hebreu, ait mis en une infinité d'endroits aux marges de cette Traduction : *c'est ainsi qu'il y a dans l'Hebreu.* N'est-ce pas de plus faire injure à ce Saint Docteur que de lui attribuer un long fatras de notes Critiques, qui ne consistent la plus part, qu'en des minuties tres-legeres & pueriles, & qui sont tres-souvent ridicules & impertinentes ? Cela est bien moins pardonnable au Secretaire des Benedictins, qui se pique de sçavoir la Langue Hebraïque, bien qu'il n'en ait qu'une connoissance fort mediocre. Car un homme qui auroit été exercé dans cette sorte de litterarure, jettant seulement les yeux sur quelques noms propres marquez dans ces Scolies, auroit jugé aussi-tôt par la maniere dont ces noms sont écrits, qu'elles ne pouvoient être de Saint Jerôme; au moins auroit-il suspendu son jugement pour quelque tems dans une affaire de cette importance. Mais le Secretaire qui avoit entrepris une nouvelle édition des Ouvrages de Saint Jerôme avec un assez petit fond d'érudition, ne s'apperçût que les Scolies, dont il s'agit, n'étoient point de ce Pere, que lorsqu'il fut sur le point de faire imprimer les Livres des Rois. Il trouva dans les notes de Raban Maur sur ces mêmes Livres une partie de ces Scolies rapportées sous le nom d'un Juif.

Ce fut là sans doute un coup de foudre pour les Benedictins, qui avoient publié par tout, qu'il n'y avoit que des gens ennemis de leur Congregation, &

envieux du ſervice qu'ils rendoient au public par leurs nouvelles éditions des Peres, qui oſaſſent nier que les Scolies fuſſent de Saint Jerôme. Leur Secretaire cependant qui avoit fait paroître tant de fierté, lorſqu'on l'avertit, qu'il n'y avoit point d'apparence que Saint Jerôme en fut l'Auteur, chante la palinodie, & il reconnoît enfin bien humblement ſa temerité. *Ego quidem*, dit-il dans ſon troiſiéme Prolegomene, *nihil prius*, *&c.* Il confeſſe ſon ignorance avoüant qu'il n'y avoit que peu de jours qu'il avoit appris par la lecture de Raban, que c'étoit un Juif qui avoit mis aux marges des Bibles Latines ces Scolies.

Pag. 21. & ſuiv. Il loüe merveilleuſement dans le Prodrome l'ancien Manuſcrit de l'Egliſe de Carcaſſonne, qui lui paroiſſoit alors, tant il eſt bon Critique, être le pur Canon Hebreu de ce Saint Docteur. *Reſtat*, dit-il, *ut de præſtantiſſimo Eccleſiæ Carcaſſonenſis manuſcripto codice hæc ſubnectam. Scriptus eſt ante octingentos annos, &, niſi me fallo, Canon ipſe eſt Hebraicæ veritatis, de quo ad Lucinium Beticum Hieronymus ſcribebat... nihilque prorſus in eo libro habetur, quod ipſiſſimum Hieronymum non ſapiat.* C'eſt ſur cet incomparable Manuſcrit & ſur quelques autres ſemblables, que Dom Martianay corrige l'Ep. à Sunnia & à Fretela, & qu'il forme le deſſein de la nouvelle édition de tous les Ouvrages de S. Jerôme. *Id ego*, dit le Secretaire, *plurimum expertus ſum........* Mais helas! ce grand Critique de nos jours eſt obligé par une retractation honteuſe, de degrader tous ces rares Manuſcrits qu'il avoit tant vantez, & qu'il a ſuivis comme ſes oracles dans une bonne partie de l'édition de la *divine Bibliotheque*. Liſez, je vous prie, ce qu'il dit là-deſſus dans ſa note ſur les derniers mots du Pſeaume 73. où il n'épargne pas même ſon divin Manuſcrit de Carcaſſonne. Il confeſſe de bon cœur que dans ſon édition de l'Epître à Sunnia & Fretela, il a fait imprimer comme de S. Jerôme ce qui n'étoit point veritablement de ce Pere, ayant été trompé, dit-il par le Manuſcrit de Carcaſſonne, qu'il a reconnu depuis être un Livre alteré en une infinité d'endroits par un Correcteur temeraire : *Canon Carcaſſonenſis ac vaticanus codex hîc in textu retinent ſcolion marginanale, quod aliquando mihi impoſuit:* ut narrem omnia imperia tua. *Putabam jam pridem in an-*

notationibus meis in Epistolam sancti Hieronymi ad Sunniam & Fretelam, id legisse sanctissimum Ecclesiæ Doctorem : at nunc inspectis quamplurimis MSS. codicibus sententiam mutari ; exscriptorem Canonis Carcassonensis, qui nulla fide est, temerarium multis locis expertus, dum è latere adnotationes Scoliastis scribendas in corpore non dubitavit.

Ce n'est pas le seul endroit où cet humble enfant de Saint Benoist reconnoît ses propres fautes. Il n'a pû dissimuler sur le Pseaume 119. qu'on n'y lit presque rien du Texte de S. Jerôme dans l'Exemplaire de Carcassonne, où l'on a substitué à la place des veritables leçons de ce Pere, les Scolies qui étoient écrites aux marges. *Exscriptor Canonis Carcassonensis posuit in contextu hujus Psalmi omnia fere marginalia scolia.* Jugez aprés cela de quelle autorité peuvent être ces Canons Hebreux tant vantez par les Benedictins.

Réponse à cette Critique.

J'Ai déja remarqué ci-dessus que la Critique de M. Simon, à proprement parler, n'est autre chose qu'un tissu continuel de fausses histoires, d'imputations & de suppositions ridicules, de plaisanteries fades, de calomnies & d'impostures fort grossieres. Ce que je viens d'en rapporter est une preuve manifeste que j'ai parlé selon la pure verité, & que toutes ces qualitez sont naturelles au libelle de nôtre Declamateur.

Premierement c'est une histoire tres-fausse & un conte ridicule, de dire qu'on ait jamais deliberé parmi nous de mettre en dépôt nos Manuscrits dans la chambre de l'Assistant de nôtre R. Pere General. Ils n'y ont jamais été, & l'on n'a jamais songé de les y mettre. Ce qu'il y a de vrai, est que M. Simon étant venu en ce Monastere de Saint Germain des Prez, pour tâcher sans se faire connoître, d'avoir la communication de nos Manuscrits, il nous trouva jaloux du Canon Hebreu de S. Jerôme, que je ne voulus pas lui prêter quand il me le demanda pour le collationner sur le Texte Hebreu. N'étoit-ce pas une demande bien judicieuse & fort honnête pour un homme qui ne vouloit pas se faire connoître, & qui ne voulut jamais me dire son nom, de me proposer de lui prêter un Manuscrit rare que je devois donner en peu de jours au public, & que je commençois à collationner pour le mettre sous la presse ? Il ne se rebuta pas neanmoins de ce premier refus, il crut que revenant à la charge dans une seconde visite, il suffiroit de me dire son illustre nom pour obtenir de moi tout ce qu'il souhaitoit : Mais helas ! ce grand Critique de nos jours eut si peu d'autorité , & trouva si peu de credit dans mon esprit, qu'il fut obligé d'essuyer la confusion d'un second refus que son importunité lui avoit attirée. Je lui dis alors que le R. Pere Assistant m'avoit emprunté le Canon Hebreu de Saint Jerôme, & c'est de ces paroles qu'il a pris occasion de forger le conte ridicule qu'il debite dés la 6. page de sa Critique.

Il invente encore une fable & forge des foudres sur l'enclume de Vulcain, quand il s'imagine que la découverte que je fis des Scolies du Canon Hebreu dans les Commentaires de Raban Maur, *fut un coup de foudre pour les Benedictins*. Il faut être aussi hardi imposteur que nôtre Critique l'est pour oser écrire, que nous avions publié par tout, qu'il n'y avoit que des gens ennemis de nôtre Congregation, & envieux du service que nous rendons au public par nos nouvelles éditions des Peres, qui osassent nier que les Scolies fussent de Saint Jerôme. Que M. Simon nous cite quelque témoin digne de foi, qui assure nous avoir entendu parler en ces termes: s'il ne le fait, tout le monde sera convaincu que cette histoire est sortie de la boutique de ce fameux Critique, & qu'elle porte toutes les marques de sa *manufacture*, aussi bien que la fierté qu'il suppose que je fis paroître: lorsqu'on m'avertit qu'il n'y avoit pas d'apparence que

Saint Jerôme fut Auteur des Scolies de nôtre Manuſcrit. Je dois parler à la fin de cette Défenſe de la note du Canon Hebreu qui fit trembler M. Simon, c'eſt pourquoi je ne refute pas ici le conte de ma fierté pretenduë.

Secondement nôtre fameux Ariſtarque, ſuivant les regles ordinaires de ſa Critique & de ſon goût fin, trouve dans mes Prolegomenes ſur la Bible de S. Jerôme une *retractation honteuſe*, une *palinodie* où je confeſſe *ma temerité* & *mon ignorance*. Et comme il ne m'a jamais donné nul exemple de bonne foi & de modeſtie par quelque *retractation de ſes erreurs*, *&* *de ſes propres fautes*, il tâche de m'en ravir la gloire par des plaiſanteries impertinentes, qui vont le couvrir de la derniere confuſion. En effet quoi de plus honteux à un

Chrêtien & à un Prêtre que de plaisanter sur des choses tres-serieuses & tres-importantes, & de tourner en ridicule une retractation à laquelle tous les honnêtes gens, toutes les personnes sages, tous les hommes sçavans & de bon goût ne peuvent donner assez de loüanges? Les Livres des *Retractatirns de Saint Augustin*, si nous en croïons nôtre Critique, sont des productions honteuses où ce Pere *reconnoît humblement sa temerité & son ignorance.* Et Saint Jerôme a eu grand tort de se retracter si expressément en tant de rencontres, & de laisser à la posterité ces marques de sa teme-
» rité & de son ignorance. Dans
» l'endroit, dit ce grand Do-
» cteur écrivant sur le chap. 19.
» du Prophete Isaïe, où j'ai tra-
» duit *incurvantem & refrænan-*
» *tem*, l'on peut tourner *incur-*

vum

vum & lasciv entem, afin d'entendre par ces mots les vieillards & les jeunes gens. Mais comme j'ai fait ma Traduction avec quelque empressement & un peu trop vîte, j'ai été trompé par l'ambiguité du mot Hebreu AGMON, que j'ai crû d'abord signifier *refrænantem....* J'estime neanmoins qu'il est plus avantageux pour moi de confesser que je me suis trompé, que de perseverer dans cette erreur en craignant d'avoüer ma bévûë : *Melius reor proprium errorem reprehendere, quàm dum erubesco imper iam confiteri, in errore persistere, &c.* J'ai remarqué dans mes notes sur ce passage d'Isaïe, que S. Jerôme a donné en cela à tous les sçavans un ra e ex.mple d'humilité & de modestie : M. Simon, qui ne l'a jamais pris pour modele, a méprisé sans doute mes reflexions, puisqu'il laisse l'imitation de ces vertus à *l'humble enfant de S. Benoist.*

Mais s'il n'approuve pas que j'aye suivi dans ma retractation l'exemple des plus grands Docteurs de l'Eglise, au moins devroit-il me sçavoir bon gré que je lui aye appris en me retractant ce qu'il ignoreroit encore aujourd'hui sans le Secretaire des Benedictins. Je suis seur si je n'avois moi-même prouvé, que les Scolies du Canon Hebreu ne sont pas de Saint Jerôme, que M. Simon n'auroit jamais sçû quel en a été le veritable Auteur. Et quand même il auroit voulu montrer qu'elles ne sont pas de ce Pere, il lui seroit arrivé la même chose que lorsqu'il a prétendu demontrer la supposition du Prologue qui se trouve à la tête des Epîtres Canoniques. C'est-à-dire, qu'il nous auroit donné un fatras de remarques & de fausses citations qui ne prouveroient rien de ce qu'il voudroit nous dire ; tant il est habile Critique & capable de developer des faits inconnus. Les Conons, les Erasmes, les Marianus & tant d'autres illustres Ecrivains (en comparaison desquels Dom Jean Martianay n'est qu'un Ecolier) ne lui eussent rien appris de ces Scolies, non plus que de l'Auteur des Questions Hebraïques sur les Livres des Rois & des Paralipomenes, que ces grands Maîtres ont fait imprimer parmi les veritables Ouvrages de Saint Jerôme ; quoique leur Ecolier ait prouvé par des faits incontestables qu'elles sont d'un Auteur Juif, qui vivoit du tems de Raban Maur.

Troisiémement M. Simon attaque *nos Canons Hebreux*, ou,

pour parler plus juste, les exemplaires du Canon Hebreu de Saint Jerôme. Il pretend que celui que nous avons donné dans le premier Tome de la nouvelle Edition des Ouvrages de ce S. Docteur, n'est pas son *veritable Canon Hebreu*; mais de *faux Canons* de la façon des anciens Moines, qu'il appelle avec une audace & une insolence punissable *hardis Corrupteurs* des meilleurs Livres. *Il n'y a personne*, dit-il, *qui puisse douter de ce fait, aprés avoir lû avec tant soit peu d'application cette pretenduë Bibliotheque divine de Saint Ierôme.*

Je le prens au mot, & je m'en rapporte avec lui à ceux qui ont lû avec application la Bibliotheque divine de S. Jerôme. Je commence par Messire Loüis Ellies Dupin, Docteur en Theologie de la Faculté de Paris, &c. Il a lu avec beaucoup d'application le Texte & les Notes de la *Bibliotheque divine de Saint Ierôme*; & comme il la lisoit avec des intentions bien differentes de celles de M. Simon, il en a porté un jugement aussi avantageux & aussi raisonnable, que celui de nôtre Critique est faux, odieux & insoutenable. Voici donc le témoignage que M. Dupin rend à nôtre édition du *Canon Hebreu de Saint Ierôme*: Ces changemens, « dit il, Dissert. prélim. sur la « Bible, pag. 658. sont cause que « nôtre Version Vulgate n'est « pas entierement conforme à la « Version originale de Saint Je- « rôme: car quoique ce soit la « même, cependant il est im- « possible que par succession de « tems, il n'y soit arrivé du chan- « gement, & qu'il ne s'y soit « glissé quelques fautes. Mais «

» dans le fonds la Version Vul-
» gate dans tous les Livres qui
» sont du Canon des Juifs, à l'ex-
» ception des Pseaumes, est la
» Version de Saint Jerôme. Il
» est vrai qu'elle n'est pas mot
» pour mot dans sa pureté com-
» me dans le Canon de la Veri-
» té Hebraïque ou Bibliotheque
» divine de Saint Jerôme, qui a
» été depuis peu donnée au pu-
» blic par le Pere Martianay:
» mais les differences qui sont
» entre l'une & l'autre Edition
» ne sont pas fort considerables,
» si ce n'est que dans les Livres
» des Rois, & dans celui des
» Proverbes, il est resté quelques
» Sentences de l'ancienne Vul-
» gate.

Et encore plus bas, pag. 660.
» Mais il est à remarquer qu'il y
» a plusieurs de ces endroits, où
» la difference ne vient pas de
» Saint Jerôme, dont la Ver-

ſion dans ſa pureté, étoit plus « conforme au Texte Hebreu; « mais de la corruption de la « Verſion de Saint Jerôme, com- « me au Chapitre 3. Verſ. 15. « *ipſa* pour *ipſe:* au Chapitre 8. « Verſet 7. *Et non revertebatur*, « pour *Et revertebatur*: au Cha- « pitre 26. Verſet 52. *Non inve- « nimus*, pour *invenimus*; & dans « pluſieurs autres endroits que « l'on peut remarquer dans le « Canon de la Verité Hebraï- « que, donné par le Pere Mar- « tianay, en le conferant avec « nôtre Vulgate. «

Nôtre Critique ſera ſans doute bien étourdi de ces deux endroits des Prolegomenes de M. Dupin, qui a mieux lû que lui la Bibliotheque divine de Saint Jerôme, & qui eſt infiniment plus capable d'en porter jugement. Car encore qu'il n'ait pas tant de ſcience Rabbinique que

M. Simon, il a plus d'érudition solide, plus de jugement, plus d'équité & plus de modestie. Mais si l'autorité de M. Dupin ferme pour jamais la bouche à nôtre Declamateur, que sera-ce de l'approbation de quatre autres Docteurs de Sorbonne qui ont fait un éloge si grand de la Bibliotheque divine de Saint Jerôme, que je ne pense pas qu'on puisse parler plus avantageusement d'un Livre & de son Auteur? *In votis*, disent ces Docteurs, *hactenus fuit eruditis omnibus, ut si quid uspiam lateret antiquæ illius Scripturarum sacrarum Versionis, quam Italam vocant, id publici juris efficeretur. Id verò à quibus sperari rectius poterat quam à Doctissimis & Reverendissimis PP. Benedictinis apud quos ferè solos asservata multis sæculis omnis sacra & Ecclesiastica Doctrina nunc à Viris eruditissi-*

mis quibus abundat ordo clarissimus ad Ecclesiæ utilitatem & decus effunditur ? Ab iis prodit edita recens divina Hieronymi Bibliotheca, quæ ignota hactenus velut è tenebris eruta fuit à Reverendissimo P. Martianay viro eximiæ eruditionis, qui eodem erga Scripturas sacras & Hebraïcam veritatem studio affectus quo olim flagrabat Hieronymus, hoc pretiosissimo & excellentissimo munere Ecclesiam ditavit singulari diligentia ac labore propemodum immenso & talium studiorum inexpertis prorsus incredibili. Ejusdem curis debemus &c.

Peutêtre que M. Simon voïant une approbation si authentique donnée en Sorbonne le 5. de Fevrier 1695. se plaindra qu'il n'entend pas assez le Latin ; parce que les termes en sont trop beaux & trop honorables pou les *Doms Reviseurs*, tant pour les anciens que pour les nouveaux. Tâchons donc de condescendre à son peu d'habileté, & mettons-lui devant les yeux une autre Approbation où les mêmes Docteurs parlent François : *L'Etude de l'Ecriture Sainte*, disent ces sçavans hommes, *étant la plus importante de toutes les Etudes, on doit toûjours recevoir avec reconnoissance les Ouvrages de ceux qui s'y appliquent utilement, sur tout lorsqu'ils font de riches découvertes, & qui peuvent apporter de nouvelles lumieres. Le premier Tome de S. Ierôme qui nous a été donné depuis peu, est un de ces Monumens pretieux, qu'on retrouve avec joie aprés plusieurs siecles. On est bien aise de voir ces Versions des Livres de l'Ecriture Sainte, & ces Corrections, comme elles sont sorties en differens tems des mains de ce saint Docteur, & on ne peut assez loüer le R. P. Martianay du travail infatigable, & du soin ex..ct avec lequel il a rassemblé dans cette nouvelle Edition tout ce qui pouvoit contribuer à la rendre recommandable. Cet Ouvrage a produit comme naturellement le desir de voir l'ancienne Version italique, &c.*

Il n'est point necessaire que je dise à M. Simon le nom des quatre Docteurs de Sorbonne qui ont ainsi canonisé le Canon Hebreu de Saint Jerôme, donné depuis peu par le Secretaire des Benedictins. Je sçai qu'il a lu mon petit Volume de la Version Italique de l'Evangile de Saint Matthieu où se lisent de si belles Approbations; puisqu'il en a derobé deux Chapitres de remarques pour les inserer dans le dernier Livre qu'il a fait contre M. Arnauld. Il avoit disputé pendant trois ans contre ce ſçavant Homme, ſans pouvoir défendre ſes opinions touchant l'ancienne Vulgate Latine dont il n'avoit preſque aucune connoiſſance. Mais d'abord que mon Livre eut paru, ce plagiaire parla merveilleuſement bien de la Verſion Italique.

Mais ſi ce Critique profite en ſes beſoins de nos travaux & de nos découvertes dans le même tems qu'il voudroit bien les décrier, faiſons-lui encore connoître un ſaint Homme & un habile Auteur qui en uſe mieux que lui, & qui témoigne avec reconnoiſſance avoir profité de nôtre premier Tome de Saint Jerôme, & avoir trouvé de grands ſecours pour la nouvelle édition de ſon Pſautier, dans la *Bibliotheque divine* de ce ſaint Docteur, imprimée par nos ſoins avec les applaudiſſemens de toute l'Eglise. C'est le R. Pere *Thomasius*, de la Congregation des Clercs Reguliers, qui parle ainsi dans sa Preface, page xiv. *Obelos & asteriscos Hieronymianos hoc in opere exibuimus, qui jam editi erant in Commentario Brunonis . . . . . . & ex primo Tomo Beati Hieronymi impresso Parisiis anno M. DC. XCIII. curâ doctissimorum Virorum, quos cum honore nomino, Domnorum Iohannis Martianay & Antonii Pouget Monachorum è Congregatione S. Mauri; quorum eruditissimis laboribus in tam grandi opere impensis multum adjuti sumus, eosdem rursum hic repræsentamus.* Parlant ensuite de la distinction des Versets de l'Ecriture selon l'ancienne methode, il s'en rapporte uniquement à ce que j'en ai dit dans les Prolegomenes de la Bible de Saint Jerôme, & y renvoye ses Lecteurs nous citant toujours avec honneur : *Quæ de veteri distinctione Versuum cùm pluribus egerint laudati DD. Iohannes Martianay & Antonius Pouget &c.*

Il paroît donc par le témoignage de ceux qui ont lu avec beaucoup d'application la *Bibliotheque divine de Saint* Ierôme, que nous avons donné au public le *Canon Hebreu de ce Pere*, le *Canon de la Verité Hebraïque*, la *Version de Saint Ierôme dans sa pureté & mot pour mot comme elle étoit sortie des mains de ce saint Docteur.* Il paroît encore selon le témoignage des Sçavans, que nos Benedictins ont été pendant plusieurs siecles presque les seuls Depositaires de toute la doctrine de l'Eglise, & que les découvertes que nous faisons dans les Livres qu'ils ont copiez, apportent de nouvelles lumieres & n'enrichissent pas peu l'Eglise Catholique. Je prie les Lecteurs de vouloir bien m'excuser si je fais remarquer ce qui est tant à nôtre honneur & à nôtre avantage; & de considerer que j'ai à combattre le plus hardi des calomniateurs, qui a besoin d'être couvert de confusion pour rentrer un peu en lui-même, & pour apprendre une bonne fois à ne plus répandre son venin par des libelles de sa façon.

J'aurois volontiers fini ma réponse aux premieres objections de ce grand Critique, par les citations & les remarques que je viens de faire: mais j'ai songé qu'il étoit important de le pousser encore sur le Canon Hebreu de Saint Jerôme, & sur tant d'impostures & d'absurditez qu'il a dites du Manuscrit de Carcassone, des Scolies du Canon, & des Notes que j'ai faites à la fin du *Prodrome* & dans l'édition de la *Bibliotheque divine de Saint Jerôme.*

Il me reproche donc, 1°. que ce que j'ai avancé sur les Canons Hebreux dans mon fameux *Prodrome*, & ce que je dis dans mes remarques sur le Pentateuque touchant les Scolies que j'assurois hardiment être de S. Jerôme, ne s'accorde nullement avec les autres Notes qui sont sur les Livres des Rois & sur le reste de l'Ecriture ; 2°. Que je suis obligé de reconnoître sur ces derniers Livres, que les Canons Hebreux que j'avois crû être de Saint Jerôme, sont des Livres alterez & corrompus en une infinité d'endroits par des copistes, qui ont pris la liberté d'ôter de nos Bibles Latines les veritables paroles de ce Pere, pour mettre en leur place des Scolies qu'ils lisoient aux marges de leurs exemplaires Latins : 3o. Qu'il faut être peu habile pour ne pas voir qu'il eſt impoſſible que S. Jerôme ait mis les Scolies, dont nous parlons, aux marges de ſa traduction ; & que c'eſt lui faire injure de les lui attribuer : 4o. Que je me pique de ſçavoir la Langue Hebraïque, bien que je n'en aye qu'une connoiſſance fort mediocre ; & qu'ayant entrepris une nouvelle édition des Ouvrages de Saint Jerôme avec un aſſez petit fond d'érudition, je ne m'apperçûs que les Scolies, dont il s'agit, n'étoient point de ce Pere, que lorſque je fus ſur le point de faire imprimer les Livres des Rois. 5o. Qu'après avoir crû que l'ancien Manuſcrit de l'Egliſe de Carcaſſone étoit le pur Canon Hebreu, j'ai été obligé par une retractation honteuſe de degrader tous mes rares Manuſcrits que j'avois tant vantez, & que j'ai suivi comme mes oracles dans une bonne partie de l'édition de la divine Bibliotheque. Il ajoute dans le même endroit, que je corrige l'Epître à Sunnia & à Fretela sur le Manuscrit de Carcassone & sur quelques autres semblables; & que même je formai le dessein de la nouvelle édition de tous les Ouvrages de Saint Jerôme, sur les mêmes Manuscrits. 6°. Enfin il renvoye son ami à mes notes sur les Pseaumes 73. & 119. pour voir que je n'épargne pas même mon divin Manuscrit de Carcassone. Voilà en abregé tous les reproches de M. *Simon ci-devant Prêtre de l'Oratoire* contre le *Secretaire des Benedictins* & contre le *digne enfant de Saint Benoist*.

Admirons d'abord le bon jugement de la Critique de nôtre

grand Ariſtarque, qui pretend qu'on doit être d'accord avec ſoi-même & en faiſant une faute & en la retractant. Ne ſçait-il point encore que toute retractation renferme des opinions & des ſentimens differens, ce qu'on a cru dans un tems, & ce qu'on ne croit plus depuis s'être détrompé ? Comment veut-il donc que ce que j'ai dit dans les notes de mon *Prodrome*, où je penſois que les Scolies pouvoient être de Saint Jerôme, s'accorde avec les notes que j'ai faites ſur les Livres des Rois & ſur le reſte de l'Ecriture, où je m'étois déja détrompé moi-même, & où j'avois reconnu par la lecture des bons Livres de nos Auteurs Benedictins, que ces Scolies dont il s'agit, étoient d'un Auteur Hebreu ? En verité c'eſt bien parler à l'étourdie, que de faire des reproches auſſi pleins d'abſurdité que celui-ci. Mais que ne dit pas dans la fougue de ſa paſſion un homme emporté.

D'une abſurdité viſible il tombe dans une impoſture encore plus manifeſte, lorſqu'il dit que j'ai aſſuré hardiment dans les remarques ſur le Pentateuque, que les Scolies du Canon étoient de Saint Jerôme. J'invite tous les Lecteurs, qui voudront être témoins des impoſtures de la Critique de M. Simon, à ouvrir la Bibliotheque divine de Saint Jerôme, & à examiner mes notes ſur le Pentateuque. Ils trouveront que même dans les endroits où j'ai cru pouvoir attribuer à Saint Jerôme les Scolies marginales du Canon Hebreu, je n'ai nullement aſſuré qu'elles fuſſent de ce Pere : mais ſeulement qu'il n'y avoit rien qui empêchât qu'il n'en pût être l'Auteur. Il y a deux endroits où je ſemble m'être declaré là-deſſus, ſçavoir la note b col. 160. *Monet hîc ſcholion marginale*, ai-je-dit, *textum Hebraicum*, *pro* tabernaculo fœderis, *ſemper habere* tabernaculum placiti. *In Hebræo quidem legimus ſemper* OHEL MOED; moed *verò ab Hieronymo placitum interpretatur lib. 1. Regum cap. 20. ℣. 35. & alibi: unde non improbabile ſumitur argumentum, ſcholia marginalia Canonis Heb. verit. auctorem habuiſſe eumdem Hieronymum.* Dans la note b encore, col. 164. j'ai remarqué ce qui ſuit: *Hebraice*, Kelaem, *ſive* Chelaem; *quod Chaldæus vertit*, eſarinun, *id eſt*, mitte eos in carcerem, *ſive*, reclude eos *juxta ſcholion. Porro verbum* chala *vel* cala *Hieronymus ſæpiſſime interpretatur* prohibere *aut* claudere; & chalu *apud eum in Prophetis ſignificat clauſuram ſive car-*

cerem. Nihil igitur obstat, quin scholion istud vere sit Hieronymianum.

Ce sont là tous les endroits de mes notes sur le Pentateuque où j'ai assuré que Saint Jerôme étoit l'Auteur des Scolies marginales du Canon Hebreu. Mais est-ce assurer hardiment une chose, que de dire : *unde non improbabile sumitur argumentum*; ou bien *Nihil obstat quin scholion istud vere sit Hieronymianum*? Ne voit-on pas au contraire que je me sers de termes de probabilité & de modification, comme font ceux qui n'osent pas trop s'avancer, & qui cherchent des raisons pour se déterminer au sentiment le plus plausible? Cependant nôtre fameux Critique se recrie contre une telle temerité, contre une si grande hardiesse. Si j'avois voulu imiter sa presomption &

ſa temerité à decider de tout, n'avois-je pas un million de Scolies marginales ſur le Pentateuque pour faire parade de ma Critique, & m'ériger temerairement en maître Cenſeur, en Maître Simon. Mais à Dieu ne plaiſe que nous nous élevions & que nous ſoïons plus ſages qu'il ne faut : *non ſapere pluſquam oportet ſapere.* Je l'ai fait aſſurément dans toutes mes notes ſur le Pentateuque, où j'ai combatu plus d'une fois les Scolies marginales, comme n'étant point de Saint Jerôme ; mais d'un Scoliaſte que je ne connoiſſois point encore, & à l'égard duquel j'ai ſuſpendu par tout mon jugement, à l'exception ſeulement des deux endroits qui me font paſſer pour temeraire dans l'eſprit de M. Simon.

Le ſecond reproche ne pouvoit venir que d'un Critique du

caractere de nôtre grand Aristarque, qui n'a jamais pris pour regle de ses observations l'exactitude & la bonne foi. Il ose m'imputer que j'avois cru que les Manuscrits du Canon Hebreu étoient de S. Jerôme, comme si je ne le croïois plus presentement; & il a le front de dire que je suis obligé de reconnoître sur les derniers Livres de l'ancien Testament, que nos Canons Hebreux sont des Livres alterez & corrompus en une infinité d'endroits par des copistes, qui ont ôté de nos Bibles Latines les veritables paroles du texte de Saint Jerôme, pour mettre en leur place les Scolies marginales. Quelle imposture! il étend sur les vingt-deux Livres du vieux Testament, ce que j'ai dit du seul Psautier de Saint Jerôme. Quelle mauvaise foi! il attribuë à tous les exemplaires

res du même Pſautier, ce que j'ai remarqué de deux ou trois Manuſcrits ſeulement, qui ne ſont point les Canons Hebreux; & il cache malignement ce que j'ai dit dans cette même note à la loüange des exemplaires du Canon Hebreu. Il eſperoit ſans doute lorſqu'il a avancé tant de fauſſetez, que je n'oſerois le refuter; ou que perſonne ne liroit mes notes ſur le Pſautier Hebreu de S. Jerôme: mais il faut lui apprendre à n'avoir pas de ſi vaines eſperances, & rapporter ici mes remarques ſur les Scolies de ce Pſautier. J'ai donc dit ceci, col. 837. note f: *Monemus Lectorem ſtudioſum omnia iſtæc ſcholia marginalia quæ deinceps occurrunt in toto Pſalterio, poſita eſſe in exemplaribus Canonis Hebraicæ veritatis, ubi incorruptus fere ſervatur textus Verſionis Hieronymi cum hujuſmodi adnotatiun-*

culis ad marginem. Porro eadem scholia translata sunt imperitiâ librariorum in contextum sacrum Psalmorum : ita ut in tribus antiquis MSS. codicibus textus mutatus inveniatur cum annotationibus marginalibus per totum Psalterium Manuscripti illi sunt, Vaticanus Bibliorum sacrorum codex num. 5729. codex item Biblicus Augustinorum Burdigaliensium, & alter Monasterii S. Michaëlis in periculo maris. Nonnullam etiam partem scholiorum invenimus in aliis exemplaribus MSS. unde in editos libros facile derivari potuerunt. Nos ad fidem codicum MSS. vetustissimorum & optimæ notæ omnia suis locis restituere curavimus.

Hé bien ! ne reconnois-je point dans cette note que les *Canons Hebreux* sont des livres *alterez & corrompus* en une infinité d'endroits ? Ai-je jamais pensé à dire que les Manuſcrits du Vatican, celui des Auguſtins de Bordeaux, & celui de nôtre Monaſtere du Mont Saint Michel, ſont les *Canons Hebreux*? Ne diſtingue-je point au contraire ces trois exemplaires du Pſautier de Saint Ierôme, des exemplaires du Canon Hebreu où je dis que j'ai trouvé bien conſervé le texte pur de ce Pere, à l'exception de quelques fautes de copiſte, *ubi fere incorruptus ſervatur textus verſionis Hieronymi*? Que M. Simon ne trompe donc plus quelques pauvres ignorans qui n'ont jamais lû la Bibliotheque divine de Saint Jerôme, & qui pourroient penſer que les choſes y ſont comme ce Critique les y met fauſſement avec une hardieſſe qui n'a point d'exemple.

Mais peut-être eſt-il ſi attentif à nous calomnier, qu'il ne ſe ſouvient plus quels ſont les exemplaires du Canon Hebreu de Saint Jerôme. Apprenons-lui donc encore une fois que les trois exemplaires du Canon Hebreu, du *Canon de la Verité Hebraïque*, ſont ceux-ci : Le Manuſctit tres-beau & tres-ancien de l'Egliſe de Carcaſſone ; le Manuſcrit de Monſieur le Preſident de *Meſmes*, & celui de S. Germain des Prez. Les deux premiers ne doivent pas être ſuſpects à M. Simon ; puiſqu'ils n'ont pas paſſé, ſelon ſes belles expreſſions, par les mains impures des Moines, *per impuras Monachorum manus*. Ils ont été décrits par des Eccleſiaſtiques, & par ordre des Evêques, au moins celui de Monſieur le Preſident de *Meſmes*, que Theodulphe Evêque d'Orleans fit copier du tems de Loüis le Debonnaire. Si nôtre Critique veut bien prendre la peine d'aller viſiter ce Manuſcrit, il y trouvera ſa condamnation écrite en lettres d'or & d'argent. Pour le Manuſcrit de Saint Germain, nous avons déja vû qu'il a paſſé par les mains des *Doms Reviſeurs*, fort *hardis Corrupteurs* des meilleurs Livres, ſi l'on en croit M. Simon : mais *tres-habiles & tres-exacts Correcteurs* ſelon la remarque de Robert Eſtienne.

Le troiſiéme reproche regarde les Scolies que je ne devois pas attribuer d'abord à S. Jerôme ; parce que la plus grande partie conſiſtent en des *minuties tres-legeres & pueriles, & qui ſont tres-ſouvent ridicules & impertinentes.* Je répons à cela qu'il faut être bien peu verſé dans les Ouvrages de Saint Jerôme, pour ne pas croire ſur le champ en voyant ces Scolies, que ce Pere en eſt l'Auteur. Car 1°. il eſt conſtant par l'Epître à Sunnia & à Fretela, que ce Saint Docteur avoit accoutumé de mettre aux marges de ſes Traductions de petites notes ou Scolies toutes ſemblables à celles des marges du Canon Hebreu. 2°. Il y a dans la même Lettre de Saint Jerôme des obſervations, qui paroiſſent des minuties tres-legeres & pueriles, ſi nous voulons parler comme M. Simon. 3°. Ces Scolies ſont d'un Ecrivain ſçavant dans la Langue Hebraïque, ce qui eſt le caractere particulier de S. Jerôme parmi tant d'Auteurs Eccleſiaſtiques. 4°. Il eſt faux que ces Scolies du Canon Hebreu ſoient ſouvent *ridicules & impertinentes*; & nôtre Critique s'eſt bien gardé d'en rapporter aucune de cette nature. Je le defie même d'oſer le faire; & je m'offre de mon côté à lui faire voir que ces Scolies ſont toûjours utiles, & qu'*elles ſont tres-ſouvent admira-*

bles & judicieuſes.

Le quatriéme reproche m'eſt perſonnel, & M. Simon s'y plaint que je me pique de ſçavoir la Langue Hebraïque, quoique je n'en aye qu'une connoiſſance mediocre. Je croi effectivement qu'il dit vrai: mais avec cette connoiſſance mediocre, je m'engage à redreſſer & à corriger ſa connoiſſance parfaite de cette Langue, s'il veut bien donner au public une Grammaire Hebraïque de ſa façon, ou faire ſeulement l'Analyſe Grammaticale de deux ou trois Chapitres de la Bible Hebraïque. Et pour lui faciliter ce travail, je conſens qu'il choiſiſſe dans cette Analyſe les mêmes Chapitres de Job & des Proverbes que les Meſſieurs de Charanton lui propoſerent à traduire en François, lorſque pour gagner une ſomme de dix ou douze mille livres, il vouloit être avec eux de la partie, & faire une Bible Françoise à l'usage de l'Eglise Reformée. J'attens cet essai d'un homme apparemment consommé dans l'étude & dans la connoissance de la Langue Hebraïque ; car il n'est pas croïable qu'il en appellât toûjours à cette Langue Hebraïque, s'il ne se flattoit d'y être plus habile que pas un autre.

Enfin cet admirable Critique trouve mauvais dans ses derniers reproches que je n'aye pas épargné mon *divin Canon de Carcassone* ; & il croit que j'ai degradé mes Manuscrits (*que j'ai suivi comme mes oracles*) parce que j'ai remarqué qu'il s'y étoit glissé des fautes par la temerité des copistes. Non assurément, je n'ai pas épargné le Canon Hebreu de Carcassone ; & c'est peut-être ce qui déplaît davantage a M. Simon, qui trouve par tout des marques de bonne foi, d'exactitude & d'amour de la verité dans les notes du *Secretaire des Benedictins.* Mais les fautes de copiste peuvent-elles degrader ce Manuscrit, ou les autres exemplaires du Canon Hebreu? Y a-t-il dans le monde un seul Manuscrit, ou Hebreu, ou Grec, ou Latin qui n'ait été sujet à des changemens & à des fautes de copistes? Saint Jerôme a-t-il pû empêcher de son tems que des copistes temeraires ne changeassent quelques endroits du texte de ses Versions avec les Scolies marginales: a-t-il degradé son Canon de la verité Hebraïque quand il l'a envoïé à Lucinius d'Espagne, en le priant de ne point lui imputer les fautes que ses copistes y pouvoient avoir fait glisser, lorsqu'ils en avoient décrit les exemplaires sur l'original même de ce S. Docteur?

Opuscula mea, dit-il, *ad describendum hominibus tuis dedi, & descripta vidi in chartaceis codicibus; ac frequenter monui, ut conferrent diligentius & emendarent. Ego enim tanta volumina, præ frequentia commeantium & peregrinorum turbis, relegere non potui .... Unde si paragrammata reperis, vel minus aliqua descripta sunt, quæ sensum legentis impediant, non mihi debes imputare, sed tuis & imperitiæ notariorum, librariorumque incuriæ, qui scribunt, non quod inveniunt, sed quod intelligunt, & dum alienos errores emendare nituntur, ostendunt suos .... Canonem Hebraicæ veritatis, excepto Octateucho, quem nunc in manibus habeo, pueris tuis & notariis dedi describendum, &c.* Voilà le Canon de la Verité Hebraïque dont nous parlons, & que S. Jerôme ne croïoit pas exemt de fautes de copiſte. Les mêmes fautes ne doivent donc pas empêcher que nous n'aïons ce Canon Hebreu dans le Manuſcrit de Carcaſſone, dans celui de Monſieur de *Meſmes*, & dans celui de Saint Germain. Si M. Simon laiſſe un peu appaiſer ſa colere contre ce Canon, il en aura une idée toute differente de celle qu'il en a voulu donner dans ſon emportement. Je lui paſſe pluſieurs autres bevûës, par le ſeul ennui de les refuter.

§. II.

Objections de M. Simon contre le Speculum *de S. Auguſtin.*

IL n'y a point de Livre ancien, ni d'Ouvrage des Peres qui ne paroiſſe alteré, falſifié & reformé à M. Simon quand il eſt une fois en mauvaiſe humeur (ce qui lui eſt fort ordinaire) & qu'il a reſolu de ſe venger de quelqu'un. Il a declamé ci-deſſus contre les exemplaires du Canon Hebreu ; preſentement il attaque le Livre de S. Auguſtin, intitulé *Speculum*, & il pretend que cet Ouvrage a été retouché & reformé par un Moine, qui en a ôté la Verſion Latine faite ſur les Septante, pour y mettre en ſa place la Verſion nouvelle de Saint Jerôme faite ſur le Texte Hebreu. Voici les preuves qu'il a de ce changement, & qui lui paroiſſent convaincantes.

Vous ſçavez, dit-il à ſon ami, qu'il y a peu de fauſſaires ſi habiles pour colorer les actes faux qui ſont de leur façon, que les perſonnes éclairées n'y découvrent des marques de fauſſeté. Il en eſt de même des livres qui ont été alterez & défigurez par les anciens Moines. Quand on vient à les examiner de prés, on y trouve quelques vestiges des alterations qui y ont été faites. Et c'est ce que je pretens avoir trouvé dans le *speculum* de Saint Augustin, tel que nous l'avons presentement. On a inseré à la verité avec beaucoup d'exactitude dans le corps de l'Ouvrage la nouvelle Edition Latine, en sorte qu'il n'y reste plus rien de l'ancienne. Mais le Correcteur n'a pas pris le même soin dans les petites Prefaces, qui sont au devant de quelques-uns de ces Livres de la Bible, qui composent ce recueil. Et c'est par ces Prefaces qu'on découvre que S. Augustin dans sa compilation ne s'est point servi de la traduction de S. Jerôme sur l'Hebreu, mais de l'ancienne Vulgate ou Italique qui étoit en usage dans son Eglise.

On lit par exemple dés les premiers mots de ce Recueil : *In principio Deus fecit Cœlum & terram*, ſelon l'ancienne Vulgate, & non pas *creavit*, comme a traduit S. Jerôme.

La Preface qui eſt à la tête des Paſſages que Saint Auguſtin a tiré des Proverbes de Salomon, renferme 3. paſſages de ce même Livre, & ils ont tous trois été pris de l'ancienne Edition Latine, qui ſe liſoit alors dans les Egliſes d'Afrique. Voici le premier de ces paſſages tiré du Chapitre 9. des Proverbes, Verſ. 18. *Ab aqua aliena abſtine te & de fonte alieno ne biberis.* Ce ſeroit en vain que vous chercheriez dans la nouvelle traduction de Saint Jerôme, ces paroles que Saint Auguſtin cite encore en d'autres endroits de ſes Ouvrages. Elles ne ſe trouvent que dans l'ancienne Vulgate qui a été faite ſur la Verſion des ſeptante.

Le 2. paſſage des Prov. rapporté par ce Saint Docteur dans la même Preface, eſt celuy-ci tiré du chap. 10. v. 4. *Paupertas virum humiliat ; manus autem fortium locupletat* : Et il a auſſi été pris de l'ancienne Edition Latine. Il en eſt de même du troiſiéme paſſage qui conſiſte en ces mots tirés du chap. 24. des Prov. verſ. 20. *Non enim naſcuntur filii malignis.*

La petite Preface qui eſt dans ce même recueil de Saint Auguſtin à la tête du Livre des Cantiques contient eucore une preuve tres-évidente du changement dont il s'agit. On y lit d'abord à la verité ſelon la verſion de Saint Jerôme. *Adjuro vos filiæ Jeruſalem per Capreas cervaſque camporum, ne ſuſcitetis, neque evigilare faciatis dilectam do-*

nec ipſa erit. Mais comme ce Pere avoit ajoûté l'explication de ce paſſage, & qu'elle ne peut s'appliquer à cette nouvelle verſion, le Reformateur a été obligé de rapporter le même paſſage de cette maniere comme S. Auguſtin l'avoit cité ſelon l'ancienne Vulgate ; *adjuro vos filiæ Jeruſalem, in virtutibus & viribus agri, ſi levaveritis caritatem, quo ad uſque velit. Eccleſia quippe in qua utique ſumus, hic verbis exhortatur filias ſuas, hoc eſt, ſe ipſam in plurimis conſtitutam. Ipſa eſt ager Dei fructuoſiſſimus, cujus virtutes & vires magnæ ſunt ad quas amando Chriſtum Martyres pervenerunt.* Vous voyez manifeſtement que S. Auguſtin ne ſongeoit pas alors au Canon Hebreu, mais ſeulement à la verſion qui étoit en uſage dans ſon Egliſe, puiſque ce ſont les paroles de cette verſion qu'il interprete & non pas celles de la nouvelle traduction de Saint Jerôme, qui eſt une addition du Reformateur.

Il n'eſt pas beſoin que je m'arrête davantage à ces Prefaces, ce que je vous en ai rapporté eſt plus que ſuffiſant pour convaincre tout homme qui y fera tant ſoit peu d'attention que le *ſpeculum* de S. Auguſtin étoit tout different dans ſon origine de celui d'aujourd'hui, qui eſt plûtôt l'ouvrage de quelqu'un de ces correcteurs, qui ont reformé avec tant de liberté les anciens livres que l'ouvrage de l'Evêque d'Hippone. On peut dire de ce livre la même choſe qu'on diſoit autre-fois du navire des Argonautes. Ce n'étoit plus le même navire, parce qu'il n'avoit aucune planche du premier bâtiment. On pouvoit dire neanmoins que c'étoit le même navire, parceque dans le changement qui s'étoit fait, on avoit toujours conservé la premiere fabrique du Vaisseau. De même le *speculum* que nous avons sous le nom de Saint Augustin n'est point le veritable, & celuy que ce Pere a composé, puisque dans le recueil qu'il avoit fait d'un grand nombre de passages de l'Ecriture, il ne s'en trouve plus aucuns de ceux qu'il avoit luy-même extraits de l'ancienne Bible Latine. D'autre part on peut dire que c'est le même *speculum* de Saint Augustin, puisque ceux qui l'ont retouché pour l'accommoder aux usages de leurs tems ont gardé tout le corps des citations de l'Ecriture, substituant seulement à la place de l'ancienne version, la nouvelle de Saint Jerôme.

Mettez donc au nombre des visions du Secretaire des Benedictins ce qu'il dit de ce *ſpeculum* avec tant de confiance &c.

Réponſe à cette Critique.

IL n'y a point de calomniateur & d'envieux, quelque habile qu'il s'eſtime lui-même, qui puiſſe trouver de ſi fortes raiſons pour prouver ce qu'il avance contre ſes adverſaires, que les perſonnes tant ſoit peu éclairées ne détruiſent aiſément par les propres termes de ces hommes mal intentionnez. Il en eſt de même des raiſonnemens de M. Simon, qui met des armes entre les mains du Secretaire des Benedictins, pour ſe faire battre & vaincre honteuſement par celui qu'il traite de viſionaire. En effet il ſuffit que je me ſerve des dernieres paroles de ſes preuves, pour lui montrer qu'il a ſongé s'en aller à la conquête de la Toiſon d'or ſur la navire Argo, lorſqu'il s'eſt flaté de nous avoir perſuadé la reformation pretenduë du *ſpeculum* de Saint Auguſtin.

Nôtre Critique avouë donc qu'on a gardé *tout le corps des citations de l'Ecriture.* Dans le *ſpeculum*, ſubſtituant ſeulement à la place de l'ancienne verſion, la nouvelle de Saint Jerôme. Il avoit déja dit la même choſe dans ſa Critique Hiſtorique du vieux Teſtament, liv. 1. chap. » 28. où il parle ainſi : Il eſt vrai » que dans le livre intitulé *ſpecu-* » *lum*, attribué à Saint Auguſtin, » les paroles de l'Ecriture ſont ci- » tées ſelon la nouvelle verſion » Latine de Saint Jerôme ſur » l'Hebreu : mais celuy qui a fait » cette reformation, n'a apporté » aucun changement à l'égard » des verſets, qui y ſont marquez » ſelon l'ancienne methode.

Je ne veux que cet aveu pour
: convaincre qu'il se contredit
uy-même ; puisqu'il est impossible qu'on ait reformé le *speculum*
en substituant à la place de l'ancienne version Latine, la nouvelle de Saint Jerôme, sans renverser *tout le corps des citations de*
l'Ecriture. Venons-en à la preuve par des faits aussi constans que
le sont les propres termes des
citations de Saint Augustin dans
son *speculum.* Je dis donc premierement qu'on ne peut avoir nul
doute sur la grande difference
qu'il y avoit entre le nombre des
Versets de la version Latine tirée
des Septante, & entre le même
nombre des Versets qu'on comptoit dans la nouvelle version de
Saint Jerôme faite sur l'Hebreu.
Les Tables de ces divisions des
Versets de l'Ecriture, que j'ai
rangées sur quatre colonnes dans
le IV. Prolegomene de la Bi-

bliotheque divine de Saint Jerôme, nous apprennent que l'on comptoit anciennement dans le livre de la Genese 4500. Versets au lieu que selon la nouvelle version de ce Saint Docteur, on n'en comptoit dans le même livre de la Genese que 3700. Il n'y a presque point de livre de l'ancien Testament où l'on ne voie de grandes differences entre le nombre des Versets marquez selon la version des Septante, & entre ceux qui sont comptez dans les exemplaires de la version de Saint Jerôme. Or il étoit impossible, si l'on avoit reformé le *speculum* en substituant la nouvelle version Latine à la place de l'ancienne, qu'on n'eut aussi changé les citations des Versets : car souvent dans les citations des livres du Pentateuque, l'on auroit été obligé de dire, *& post decem versus ;* où Saint

Auguſtin avoit mis, *& poſt viginti verſus* ; & ainſi dans pluſieurs autres endroits, où le nombre des Verſets excedoit dans les Septante, celui qui étoit marqué dans la verſion de Saint Jerôme ; ou celui-ci le nombre marqué dans l'ancienne verſion Latine.

Mais donnons en quelques exemples particuliers tirez du texte des citations mêmes de Saint Auguſtin. Ce Pere dit donc dans le recueil des ſentences de Job, qu'aprés ces paroles, *Et abſtulerunt pro pignore bovem viduæ*, il y a cinq Verſets juſques à cet autre paſſage, *Agrum non ſuum demetunt.* Selon les Septante il eſt impoſſible que cela ſoit vrai, puiſqu'encore aujourd'hui il n'y a dans cette verſion qu'un Verſet entier & la moitié de deux autres, entres les deux paſſages citez par Saint Auguſtin.

Voici tout l'endroit de Job tiré du Manuſcrit Alexandrin, où ce Livre eſt coupé par Verſets.

Et bovem viduæ pro pignore tulerunt, divertere fecerunt impotentes à via juſta.

Et ſimul abſconditi ſunt mites terræ, & evaſerunt tanquam aſini in agro ſuper me egreſſi, ſuo opere agrum ante tempus non ſuum demeſſuerunt.

De quelque maniere que M. Simon diviſe ces Verſets, il ne pourra jamais juſtifier que Saint Auguſtin ait cité la verſion des Septante ; parce que les mêmes Septante ont omis dans leur traduction ce Verſet de l'Ecriture: *ſuavis factus eſt panis in adolecentes.* Saint Jerôme en corrigeant la verſion Latine faite ſur les Septante, ſuppléa ce Verſet omis, & il le marqua d'un aſteriſque, comme on le peut voir dans la *Bibliotheque divine*, col. 1205.

1205. C'eſt donc la verſion de Saint Jerôme que Saint Auguſtin a citée en cet endroit, & non pas la verſion des Septante, ſelon les viſions de nôtre Critique.

Dans le même Recueil des paſſages de Job, Saint Auguſtin compte ving-un Verſets depuis ces paroles, *Nec reverſi ſunt per ſemitas illius*, juſques à ces mots, *Conteratur quaſi lignum infructuoſum.* Cet endroit eſt ſi victorieux contre la reformation chimerique du *ſpeculum*, qu'il ſuffit tout ſeul pour démontrer évidemment que Saint Auguſtin n'avoit entre ſes mains, quand il a fait ce Recueil des paſſages de l'Ecriture que la nouvelle verſion de Saint Jerôme. On trouvera en effet fort aiſément le nombre de vingt-un Verſets dans la verſion de Saint Jerôme faite ſur l'Hebreu : mais il étoit impoſſible de les trouver dans l'ancienne Vulgate faite ſur les Septante ; puiſque ces Traducteurs avoient omis en cet endroit de Job plus de douze Verſets, & qu'ils n'en avoient conſervé que ſept ſeulement, ainſi qu'on le peut voir dans le même Livre de Job reſtitué par Saint Jerôme, & marqué d'une infinité *d'aſteriſques* & d'*obeles* dans la nouvelle édition, tome I. col. 1205.

Ces paſſages & ces citations des Verſets de Job ſont plus que ſuffiſantes pour détromper M. Simon, & pour lui faire comprendre qu'il étoit impoſſible qu'on fit aucun changement dans le texte du *ſpeculum*, ſans changer en même tems tout le corps des citations de Saint Auguſtin. Mais s'il étoit ſi opiniâtre que de vouloir encore ſoûtenir ſa conjecture contre des faits conſtans &

indubitables ; il ſera au moins obligé de reconnoître la pauvreté de ſes preuves, ſi on lui fait voir que Saint Auguſtin n'a pas compris dans ſes citations du Livre des Proverbes, les ſentences dont il ſe ſert dans la Preface qui eſt à la tête des paſſages qu'il a tirez des mêmes Proverbes. Cela paroîtra ſans doute incroïable à nôtre Critique, qui penſoit avoir trouvé des *preuves convaincantes* de la reformation du *ſpeculum* ; parce ſeulement qu'il avoit vû dans une Preface deux ou trois Verſets tirez de la verſion des Septante : faiſons-lui voir par Saint Auguſtin même, combien il s'eſt éloigné de la verité dans ſa Critique temeraire & ſcandaleuſe.

Saint Auguſtin a compté dix-huit Verſets depuis ces paroles du chap. 9. *& ſcientia ſanctorum prudentia*, juſques à ce paſſage du chap. 10. *Non proderunt theſauri iniquitatis.* Pour donc decider nôtre differend avec M. Simon, il faut examiner cet endroit & dans la verſion Latine faite ſur les Septante, & dans celle que Saint Jerôme a faite ſur l'Hebreu: & s'il arrive qu'il y ait un plus grand nombre de Verſets dans la verſion des Septante, que celui que Saint Auguſtin a marqué, en diſant: *Et poſt decem & octo verſus*; on ſera contraint d'avoüer que ce ſaint Docteur ne s'eſt point ſervi de l'ancienne Vulgate Latine, en faiſant ſon Recueil intitulé *ſpeculum.* Mais ſi l'on trouve au contraire que dans la nouvelle verſion de Saint Jerôme faite ſur l'Hebreu, il n'y a ni plus ni moins de Verſets que le nombre cité par Saint Auguſtin; qui oſera conteſter à l'avenir que le *ſpeculum* n'ait été pris de la nouvelle verſion de Saint Jerôme, & que la reformation pretenduë ne ſoit la penſée d'un *Argonaute*, ou pour mieux dire, d'un *Vogue-avant*?

Lors donc que j'ouvre la *Bibliotheque divine de Saint Ierôme*, ou le *Canon de la Verité Hebraique*, j'y rencontre dans le Livre des Proverbes de Salomon tous les *dix-huit Verſets* citez par Saint Auguſtin en l'endroit marqué ci-deſſus. Il n'y en a pas un de plus, il n'y en a pas un de moins. Mais quand je conſulte la verſion des Septante pour éclaircir le même fait, je trouve qu'au lieu de *dix-huit* Verſets, ils en ont mis juſqu'à *trente-un* dans l'endroit cité: & parmi ce grand nombre l'on voit ceux qui ont fait croire à M. Simon que le *ſpeculum* avoit été reformé, ſçavoir *Ab aqua aliena abſtine te, & de fonte alieno ne biberis*. Cette addition faite dans la version des Septante, aussi bien que les autres qui montent toutes jusqu'au nombre de 13. Versets, ont été inconnuës à S. Augustin dans les citations de son *speculum*; d'où l'on doit necessairement conclure que ce Pere a fait ce recüeil sur la nouvelle version de saint Jerôme, qui est entierement conforme au texte & aux citations des Versets marquez dans ce même *speculum*; & non pas sur l'ancienne version Latine, qui ne peut s'accorder avec le corps des citations de saint Augustin.

Au reste si l'on se donne la peine d'examiner avec quelque soin le dessein de saint Augustin dans la Preface qui est a la tête des passages tirez des Proverbes de Salomon; on verra manifestement que ce saint Docteur, qui avoit devant lui les deux versions

Latines de ce Livre, a été obligé d'avoir recours à l'ancienne Vulgate pour en tirer des exemples des choses qu'il vouloit prouver. Il dit d'abord qu'il ne rapportera point d'autres passages que ceux qui sont clairs, & qui peuvent servir à regler la vie d'un Chrêtien : *Nos in hoc opere statuimus illa ponere, quæ ad agendam vitam facile intellecta referantur.* Il ajoûte, qu'il y a des passages dans les Proverbes qui paroissent clairs à plusieurs, & qui neanmoins sont d'autant plus obscurs & plus difficiles qu'ils paroissent être plus intelligibles : *nonnullaque hinc potiùs clausa sunt, unde putantur esse perspicua.* En effet, continuë-t-il, quel passage paroît plus clair que celui-ci; & si vous le prenez à la lettre, qu'est-il de plus ridicule que de s'y conformer : *Ab aqua aliena abstine te,*

& de fonte alieno ne biberis. Mais qui ne se moquera de cet endroit, si l'on veut le prendre dans un sens propre, *Non enim nascuntur filii malignis.*

Saint Augustin donc vouloit prouver qu'il passoit avec raison dans son Recueil ces sortes de passages obscurs & difficiles, & même absurdes quand on les prend à la lettre; il n'en pouvoit tirer des exemples que de la version Latine prise des Septante, où il les avoit lûs fort souvent: pourquoi donc s'étonner qu'il cite dans cette Preface les trois passages de l'ancienne Vulgate, & qu'il ne cite point la nouvelle version de saint Jerôme, où l'on ne voit rien de semblable? Qu'on détourne pour un peu de tems sa vûë du dessein de M. Simon, & qu'on se tourne tant soit peu du côté de saint Augustin; & j'espere que les conjectures de nôtre Critique paroîtront aussi legeres & mal fondées, qu'il les croïoit solides & convaincantes.

Pour ce qui est de la petite Preface du même Recueil de saint Augustin, laquelle se lit à la tête du Livre des Cantiques, je ne doute point que les preuves que M. Simon en a tirées, pour montrer la reformation pretenduë du *speculum*, ne servent d'un monument éternel & de son aveuglement & de sa mauvaise foi. Il a été assez peu éclairé, ou pour mieux dire, il a été si fort troublé du feu de sa colere, qu'il n'a pû voir le mêlange agreable & necessaire que saint Augustin y fait des deux versions Latines du Livre des Cantiques; & il a eu si mauvaise foi que d'oser rapporter l'explication des passages de l'ancienne Vulgate, & de cacher en même tems l'explication des passages de la nouvelle version de saint Jerôme. Il faut que toute la terre soit témoin d'une chose de cette importance, & qu'on sache desormais de quoi M. Simon n'est pas capable. Voïons donc toute la Preface pour n'être pas trompez des passages tronquez par nôtre grand Critique.

Restat ille liber Salomonis, dit saint Augustin, *cujus inscriptio est, Canticum canticorum. Sed de illo in hoc opus quid transferre possumus, cùm totus amores sanctos Christi & Ecclesiæ figurata locutione commendet, & Prophetica pronuntiet altitudine? nisi quod in eo, quamvis sit ad intelligendum difficilimus, possumus tamen facile advertere, quantum sit divina illa & divinitus inspirata caritas appetenda, quantique pendenda: quandoquidem non ibi si-*

mel dicitur, sed alio atque alio loco iterum ac tertiò repetitur : Adjuro vos, filiæ Jerusalem, per capreas cervosque camporum, ne suscitetis neque evigilare faciatis dilectam donec ipsa velit. Adjuro vos, filiæ Jerusalem, in virtutibus & viribus agri, si levaveritis caritatem quo ad usque velit. *Ecclesia quippe, in qua utique sumus, his verbis exhortatur filias suas, hoc est, seipsam in plurimis constitutam. Ipsa est ager Dei fructuosissimus, cujus virtutes & vires magnæ sunt, ad quas amando Christum Martyres pervenerunt. Nam quò usque vult ille dilectæ suæ in hac interim vita caritatem levari, nisi quò usque ipse docuit verbo, & suo est hortatus exemplo, dicens :* Majorem hac caritatem nemo habet, quàm ut animam suam ponat quis pro amicis suis : *& quod dixit, efficiens? Unde ne ad ipsum solum* *hoc pertinere videretur, ait Iohannes in epistola sua*: Sicut Christus pro nobis animam suam posuit, sic & nos debemus animas pro fratribus ponere. *Hoc ergo est*, quo ad usque velit. *Legitur etiam in eodem Cantico :* Ordinate in me caritatem. *Christus quoque ipse ibi dicit*, pulcra es amica mea, suavis & decora sicut Jerusalem. *Et alibi :* pone me ut signaculum super cor tuum, ut signaculum super brachium tuum : quia fortis est ut mors dilectio, dura sicut infernus æmulatio. *Et post unum versum* : Aquæ multæ non potuerunt extinguere caritatem, nec flumina obruent illam. Si dederit homo omnem substantiam domus suæ pro dilectione, quasi nihil despiciet eam.

Voilà toute la Preface qui est à la tête du Livre des Cantiques dans le Recueil de saint

Auguſtin appellé *ſpeculum*. Qui ſera donc aſſez ſtupide, ſi nous en exceptons M. Simon, pour ne pas comprendre que ſaint Auguſtin y avoit autant en vuë la verſion de ſaint Jerôme, que celle des Septante? Ce ſaint Docteur nous avertit d'abord dans cette Preface, que le Cantique des cantiques eſt un Livre qui ne parle ſous des expreſſions figurées que de l'amour ſaint & reciproque de Jeſus-Chriſt & de ſon Egliſe, du *Bien-aimé* & de ſa *Bien-aimée*. Il conſidere encore l'Egliſe comme un champ tres-fertile, que les Martyrs ont arroſé de leur ſang aprés s'être élevez au comble des vertus & de l'amour de Jeſus-Chriſt. Dans ce deſſein ſaint Auguſtin pouvoit-il ſe diſpenſer de rapporter les deux verſions Latines du Livre des Cantiques, l'une pour repreſenter l'Egliſe comme la

Bien-aimée ; & l'autre pour la repreſenter comme le *champ du du Seigneur*? Et dans ſon explication ne s'arrête-t-il pas davantage à ce qui regarde la charité de la *Bien-aimée*, de l'Egliſe de Jeſus-Chriſt en cette qualité : *Nam quò uſque vult ille dilectæ ſuæ caritatem levari , &c.* qu'à ce qui regarde la même Egliſe ſous la figure d'un champ fertile? Il faut donc, malgré la paſſion & les ruſes de nôtre Critique, reconnoître que ſaint Auguſtin ne ſe ſeroit pas ſi fort étendu dans ſon explication ſur la verſion de ſaint Jerôme, s'il n'avoit lui-même cité le texte de cette même Traduction. Cela eſt ſi clair que j'appréhenderois de faire injure aux Lecteurs ſi j'ajoûtois encore d'autres reflexions ſur la Preface de ſaint Auguſtin, pour la faire mieux comprendre.

Il ne tient qu'à moi d'accabler nôtre Cenſeur par une infinité d'autres preuves ſemblables tirées des citations & des Prefaces du *ſpeculum* de ſaint Auguſtin : mais comme le détail en ſeroit trop fatigant & pour moi & pour les Lecteurs, je croi qu'on me permettra de paſſer à d'autres faits qui prouvent évidemment que ſaint Auguſtin eſt Auteur du Recueil dont nous parlons, & que cet Ouvrage n'a jamais été retouché ni reformé que dans l'imagination de nôtre fameux Critique.

On doit donc remarquer deux choſes tres-conſtantes, la premiere eſt que tous les exemplaires du *ſpeculum* de ſaint Auguſtin ſont conformes à la nouvelle verſion de ſaint Jerôme, & qu'il n'y en a pas un ſeul dans le monde, où les paſſages de l'Ecriture ſoient citez ſelon la version des Septante. La seconde, qu'il est impossible que l'on nous fasse voir quelque Auteur ancien qui cite le *speculum*, & qui le cite conformément à la version latine faite sur le Grec des Septante. Ces deux faits tout seuls demontrent clairement la sincerité du *speculum*, & qu'on l'a toujours eu tel que nous l'avons presentement ; parce que les regles de la bonne Critique ne permettent pas de soupçonner d'alteration ou de reformation des Actes & des Ouvrages qui n'ont rien en eux-mêmes qui puisse être contredit ou par quelque ancien monument, ou par l'autorité de quelque ancien Ecrivain qui se soit servi des mêmes Ouvrages. Il n'y avoit donc qu'un Richard Simon qui pût pretendre que le *speculum* de saint Augustin a été retouché, & il faloit avoir autant d'effronterie qu'il en a, pour ſoutenir des paradoxes de cette nature.

Outre ces faits inconteſtables nous avons pluſieurs autres preuves qui nous perſuadent aiſément que ſaint Auguſtin s'eſt ſervi dans ſon *ſpeculum* de la verſion de ſaint Jerôme. Car pour réüſſir ſelon ſon deſſein en faiſant ce Recueil, & pour le rendre utile à tout le monde, *volens prodeſſe omnibus*, il étoit neceſſaire qu'il choiſit une verſion Latine plus claire & plus intelligible que celle qui a été faite ſur les Septante, dont les expreſſions ſont aſſez ſouvent ſi obſcures & ſi difficiles, qu'il eſt impoſſible d'y rien comprendre ſans le ſecours d'un Commentaire. Saint Auguſtin, qui avoit connu ces embarras de la verſion des Septante, lorſqu'il l'avoit collationnée avec celle de ſaint Jerôme, abandonna enfin l'ancienne Vulgate, pour s'attacher à la nouvelle faite ſur l'Hebreu. Voici comment il en parle lui-même, au chap. 7. du Livre 4. de la Doctrine Chrêtienne : *Je ne rapporterai point ce paſſage d'Amos ſelon la verſion des Septante, qui étant auſſi conduits du Saint Eſprit pour expliquer les Ecritures, ſemblent parler quelquefois d'une maniere differente des autres verſions, afin de rendre attentifs les Lecteurs par ces expreſſions obſcures & figurées qu'on rencontre quelquefois dans leur Traduction : mais je vais rapporter les paroles du Prophete comme le Prêtre Jerôme, fort ſçavant dans les Langues, les a traduites de l'Hebreu en Latin. Sed ſicut ex Hebræo in Latinum eloquium Preſbytero Hieronymo utriuſque linguæ perito interpretante tranſlata ſunt.*

Saint Augustin reconnoît donc en cet endroit, que la version des Septante est obscure & embarrassée ; & que celle de Saint Jerôme est plus propre à faire connoître le sens des Ecritures & l'éloquence des Prophetes. Pourquoi donc ne l'auroit-il point suivie en faisant son *speculum*, qu'il n'a écrit qu'aprés les Livres de la Doctrine Chrétienne, & qu'aprés ses questions sur les sept premiers Livres du vieux Testament, dans lesquelles il se plaint aussi tres souvent de l'obscurité de la version des Septante, & il louë la netteté de la Traduction Latine faite sur l'Original Hebreu ? Je n'ai pas resolu de rapporter ici beaucoup d'endroits de ses questions de Saint Augustin sur le Heptateuque, parce que j'en ai parlé assez au long dans mes Prolegomenes de la nouvelle Edition des Ouvrages de Saint Jerôme : mais il eſt important de faire remarquer aux Lecteurs, que ſaint Auguſtin ne travailla à ces queſtions qu'aprés avoir collationné la verſion des Septante avec d'autres Editions, & ſur tout avec celle que ſaint Jerôme avoit faite ſur l'Hebreu. *Cùm ſcripturas ſanctas, quæ appellantur Canonicæ, legendo & cum aliis codicibus ſecundum Septuaginta interpretationem conferendo percurreremus, placuit eas quæſtiones &c.* En faiſant donc cette collation il s'apperçût aiſément des avantages que la verſion de ſaint Jerôme avoit ſur l'ancienne Vulgate, ce qui l'obligea de ſe ſervir ſouvent de la nouvelle pour éclaircir les paſſages obſcurs de l'ancienne. Ainſi l'on voit particulierement dans la queſtion 20. ſur le Deuteronome, qu'il ſe ſert de la Traduction de ſaint Jerôme comme d'un commentaire pour expliquer les passages obscurs de la version faite sur le Grec des Septante: *Sed obscure positum est*, dit ce saint Docteur en parlant de celle-ci, *quia non est distincta ista decima ab illa, quam voluit cum Levitis in eo loco manducari, quem Dominus elegisset templo suo.* Mais quand il parle de celle de saint Jerôme, il la regarde comme une version fort claire & propre à éclaircir toutes les difficultez de l'Ecriture: *Sed in ea interpretatione quæ est ex Hebræo, apertius hoc distinctum reperimus .... primo hoc ipsum planius est quod ait &c.*

Peut-on prétendre aprés tant de faits que saint Augustin a preferé dans ses Ouvrages la version faite sur les Septante, à celle que saint Jerôme a faite sur l'Hebreu; & peut-on dire hardiment qu'il n'a mis dans le *ſpeculum* que l'ancienne Vulgate, qui ſe liſoit publiquement dans les Egliſes ? Le *ſpeculum* n'a pas été fait pour être lû dans les Egliſes quand le peuple y étoit aſſemblé ; il a été compoſé pour ceux qui voudroient s'en ſervir & en profiter : *ut qui vellet legeret, atque in eo vel quam obediens Deo, inobedienſve eſſet agnoſceret ; & hoc opus voluit ſpeculum appellare.* C'eſt donc une fauſſe ſuppoſition de M. Simon, que ſaint Auguſtin a pris ſon *ſpeculum* de la verſion Latine faite ſur les Septante, parce ſeulement que cette verſion étoit lûë publiquement dans les Egliſes.

C'en eſt encore une autre non moins fauſſe de dire que le peuple d'Affrique n'entendoit jamais parler dans les Egliſes de la verſion de ſaint Jerôme. Saint Auguſtin lui-même eſt témoin qu'un Evêque d'Affrique voulut faire lire publiquement la version de saint Jerôme faite sur l'Hebreu ; & il est à propos d'en rapporter ici l'Histoire pour confondre l'ignorance, ou la mauvaise foi de nôtre Critique. Nous avons cette Histoire dans la Lettre 71. de saint Augustin écrite à saint Jerôme. Aussi est il arrivé, dit saint Augustin, qu'un de nos Collegues ayant établi qu'on liroit vôtre version dans son Eglise, il se trouva un endroit du Prophete Jonas où vous avez traduit differemment de ce qu'on se souvenoit d'avoir vû & d'avoir oüi lire de tout tems dans l'Eglise. Cette difference fit croire que cet endroit étoit falsifié ; & comme le Texte Grec qui se trouva contraire à vôtre version, augmenta encore la presomption de falsification, cela fit un si

» grand bruit parmi le peuple, » que l'Evêque fut contraint de » consulter les Juifs, car c'est une » Ville ou il y en a, & eux, soit » par malice, soit par ignorance, » dirent que le Texte Hebreu » étoit conforme en cet endroit » au Grec & au Latin; en sorte » qu'il falut que l'Evêque rayât » ce mot là dans vôtre version, » & le corrigeât comme une fau» te de Copiste, ne voulant pas » demeurer plus long-tems dans » le danger ou il s'étoit vû d'ê» tre abandonné de tout son peu» ple.

Il paroît par ce témoignage & par toute cette Histoire qu'il y avoit des Evêques en Affrique qui faisoient lire publiquement dans leurs Eglises la nouvelle version de saint Jerôme: & il n'est pas dit que l'Evêque d'*Eoa* cessât de continuer cette lecture, à cause du bruit qu'on avoit fait

fait sur un endroit de Jonas ; mais seulement qu'il raïa cet endroit & le corrigea comme une faute de Copiste. Le peuple donc entendoit parler quelquefois de la version de saint Jerôme ; & il ne faut pas que M. Simon se persuade que la Traduction de ce saint Docteur fut aussi peu estimée des Eglises d'Afrique que l'essai d'une nouvelle version Françoise du même M. Simon l'a été autrefois des Messieurs de Charanton, qui l'avoient associé pour travailler à une Bible Françoise que ces Docteurs réformez vouloient entreprendre. M. le Clerc nous a appris là-dessus bien des choses qui ne font pas honneur à nôtre fameux Critique : mais soit qu'il dise vrai, ou qu'il dise faux, je n'ai garde de m'arrêter à des faits qui ne sont pas de mon sujet. Il me suffit d'avoir montré fort clairement les fausses suppositions de la Satyre de M. Simon, qui croïoit avoir bien prouvé la reformation du *speculum* de saint Augustin, en disant qu'on lisoit dans les Eglises d'Affrique la version faite sur le Grec des Septante ; & qu'on n'y entendoit jamais parler de celle de saint Jerôme faite sur le Texte Hebreu.

§. III.

Objections de M. Simon contre le Commentaire d'Hesychius.

NOstre Critique nous attaque ainsi pag. 35. & suiv. Le Secretaire des Benedictins n'en demeure pas là, dit-il. Il porte le Canon Hebreu de saint Jerôme jusques dans l'Eglise de Jerusalem, où il veut qu'il ait été connu & approuvé dés le tems de ce Pere. Hesychius, dit-il dans son second Prolegomene, Prêtre de Jerusalem, & qu'on pretend avoir été disciple de saint Gregoire de Nazianze, doit marcher à la tête de ceux qui ont cité dans leurs Livres la nouvelle version de saint Jerôme faite sur l'Hebreu. *Hesychius magni illius Gregorii Nazianzeni, ut fertur discipulus, &c.*

Il est vrai que dans la traduction Latine qui nous reste du commentaire d'Hesychius sur le Levitique, les passages de l'Ecriture y sont citez selon la nouvelle version de saint Jerôme sur l'Hebreu. Les plus sçavans Critiques même de nôtre siecle, qui n'ont pas assez connu la *manufacture* des anciens Moines, ont crû trop facilement que ce Prêtre de Jerusalem s'étoit en effet servi de nôtre édition Vulgate dans ce Commentaire. Mais s'ils avoient pris le ſoin d'examiner à fond, & ſelon les loix d'une critique exacte, cet Ouvrage tel qu'il eſt dans le Latin, ils auroient découvert, que ce n'eſt plus le veritable Heſychius qui a écrit en Grec, & qui par conſequent s'eſt ſervi de la verſion Greque des Septante, laquelle étoit en uſage dans ſon Egliſe; mais un Heſychius reformé par celui qui l'a mis en Latin, & qui pour le rendre plus utile à ceux de ſon Egliſe, l'a habillé à la Romaine, ſubſtituant en la place de la verſion Grecque la nouvelle traduction de ſaint Jerôme, qu'on liſoit alors dans les Egliſes d'Occident.

Mais aprés tout ces deux Critiques (Saumaiſe & Aubertin) n'ont pas eu raiſon de traiter d'*impoſture* & de *fourberie* une choſe qui étoit alors ſi commune parmi les Moines. Ceux d'entre eux qui avoient quelque literature, étoient chargez de revoir les Livres qui avoient été copiez par d'autres, & de les corriger, ce qu'ils faisoient souvent à la verité avec une tres-grande liberté. Mais ils croïoient rendre en cela un grand service au public. C'est de cette maniere que le titre du Commentaire d'Hesychius a été reformé tant au commencement, qu'à la fin dans le MS. de la Bibliotheque du Roi.

On ne peut donc plus douter aprés cet éclaircissement, que l'Ouvrage d'Hesychius sur le Levitique n'ait été en Grec. Le Secretaire des Benedictins qui le suppose comme un fait constant, en infere, qu'un illustre Ecrivain Grec s'est servi de la version de saint Jerôme sur l'Hebreu dés le tems de ce Pere. Il me reste de vous montrer que ce n'est point le veritable Hesychius qui a cité nôtre Vulgate dans son Commentaire, mais le Traducteur Latin, qui l'a accommodé aux usages de son Eglise. Tous les extraits de nôtre édition Latine qui sont au devant de chaque section & de l'interpretation d'Hesychius, sont de ce Traducteur Latin. Mais comme il n'étoit pas possible que l'explication du même Hesychius s'accordât toûjours avec nôtre édition Latine, qui differe en beaucoup d'endroits de la version Grecque des Septante, le Traducteur a retouché l'Ouvrage, & a aussi ajusté sa version aux paroles de cet Auteur Grec par ces mots, qu'il supplée immediatement aprés le texte de nôtre Vulgate, *quod 70. dicunt : 70. ediderunt : secundùm textum septuaginta.*

Si Heſychius n'avoit fait autre choſe que de citer la verſion Latine de S. Jerôme ſur l'Hebreu, comme il a fait celle d'Aquila, de Symmaque & de Theodotion, il n'y auroit rien en cela d'extraordinaire. Mais qu'un Auteur Grec qui écrit un Commentaire ſur le Levitique pour des Grecs qui liſoient en leur Langue la verſion des Septante dans leur Egliſe, faſſe ſon fond principal de la nouvelle Traduction Latine de ſaint Jerôme ſur l'Hebreu, c'eſt ce que je ne ſçaurois comprendre. Du Perron qui croïoit que ce Commentaire, de la maniere que nous l'avons, étoit la pure production d'Heſychius, avoit raiſon de l'attribuer à un Ecrivain Latin; mais étant hors de doute qu'il a été compoſé en Grec, il n'y a point d'autre voie de concilier les endroits où l'Auteur parle comme un homme qui écrivoit pour les Latins, avec le reste de son Ouvrage, qu'en supposant qu'il a été retouché par le Traducteur ou par quelque reviseur qui l'a ajusté aux usages de son Eglise. Par exemple, tout autre qu'un Ecrivain Latin n'a pû dire de nôtre Vulgate. *C'est ainsi qu'on lit dans nôtre édition : C'est ce que porte nôtre version Latine : On lit ainsi dans l'édition Latine dont on se sert presentement.* Vous trouverez ces expressions au chap. 13. de ce Commentaire pag. 264. & au chap. 18. p. 408. & au ch. 5. p. 82. sçavoir, *quod nostra autem editio habet. Vnde nostra translatio : præsens vero ttanslatio.* Hesychius qui écrivoit dans Jerusalem où on lisoit la version des Septante, a-t-il pû nommer la version Latine de saint Jerôme sur l'Hebreu, la Bible qui étoit en uſage dans ſon Egliſe? Ces mots *præſens tranſlatio* ne montrent-ils pas clairement que c'eſt un Auteur Latin, qui cite la nouvelle Vulgate, laquelle avoit pris la place de l'ancienne dans les Egliſes d'Occident.

L'édition d'Eſychius dont je me ſuis ſervi eſt celle de Paris *in* 8. en 1581. &c.

Réponſe à cette Critique.

NOus ſommes heureux que M. Simon n'ait jamais eu aucune autorité, ni aucune prelature dans l'Egliſe Catholique: car il n'auroit point manqué de faire des decrets & des reglemens, pour degrader les meilleurs Auteurs, & pour mettre au nombre des Livres Apocryphes les plus legitimes de leurs Ouvrages. Comme il a la tête pleine de critique, & remplie d'idées de reformation, d'alteration & de corruption, il s'imagine en voir où il n'y en a jamais eu le moindre vestige; & il sçait en mettre où il ne peut en trouver. Nous venons de voir en la section precedente comment il pretendoit que le *speculum* de saint Augustin n'est pas l'Ouvrage de ce Pere; & nous voïons dans ces objections touchant le Commentaire d'Hesychius, qu'il fait tous ses efforts pour le rendre suspect d'alteration & de reformation. Dans un autre libelle, si nous ne prenons garde à ne point le fâcher, il prouvera que le Symbole de de Nicée n'est pas du Concile assemblé sous l'Empereur Constantin; mais l'Ouvrage de uelque Moine Benedictin qui croïoit rendre service à l'Eglise par la composition de ce Symbole. C'est une chose pitoïable de le voir toûjours revenir à la même chanſon de *manufacture* des Moines, de *Doms Reviſeurs*, & de *parchemins gratez*. Mais pour apprendre à ce fameux Critique que nous ne nous payons point en chanſons, je vais lui montrer qu'il n'a aucune connoiſſance ni des Commentaires d'Heſychius, ni de l'Hiſtoire des Verſions Latines que ſaint Jerôme a faites ſur le texte Hebreu.

Il me reproche fort plaiſamment que *je porte le Canon Hebreu juſques dans l'Egliſe de Ieruſalem*; comme s'il étoit neceſſaire que je portaſſe ce Canon au même lieu où il a pris naiſſance, & dans une Ville aux portes de laquelle ſaint Jerôme a fait toutes ſes verſions de l'Ecriture. Que M. Simon apprenne donc aujourd'hui qu'on a porté le Canon Hebreu d'Orient en Occident, & non pas d'Occident en Orient ; & qu'on pourroit dire en quelque maniere des traductions de la Bible de saint Jerôme, ce que le Prophete a dit de la predication des Apôtres de Jesus-Christ : *De Sion exibit lex, & verbum Domini de Ierusalem.* Mais qui auroit jamais pu s'imaginer que nôtre incomparable Critique ignorât encore que le Monastere de Bethleem est le lieu d'où saint Jerôme a envoïé en Espagne le *Canon de la verité Hebraïque*; & que c'est du même lieu que sont venus à Rome & à Aquilée, en Italie, en Affrique & en France les Livres Hebreux traduits en Latin par le Prêtre Jerôme ? y eût-il jamais de si extravagante proposition que de nous dire que les Ouvrages de ce saint Docteur étoient inconnus dans Jerusalem, dans cette Ville proche de laquelle il demeuroit, & où il y avoit tant de Latins & plusieurs Grecs mêmes qui lisoient tous les jours les versions de saint Jerôme ? *Le Secretaire des Benedictins*, dit nôtre faiseur de chansons, *n'en demeure pas là. Il porte le Canon Hebreu de saint Jerôme jusques dans l'Eglise de Jerusalem, où il veut qu'il ait été connu & approuvé dès le tems de ce Pere.* Je sçai que ce Canon Hebreu de saint Jerôme étoit aussi connu & approuvé dans Jerusalem, que l'est presentement dans Paris nôtre Edition de la Bibliotheque divine du même saint Docteur : mais je sçai aussi qu'il y avoit des Simons & des Critiques envieux qui tâchoient de decrier ses Ouvrages & particulierement sa version de l'Ecriture faite sur l'Hebreu : *Palladius servilis nequitiæ*, dit saint Jerôme, *eamdem heresim instaurare conatus est;*

& novam Translationis Hebraicæ mihi calumniam instruere. Nous avons aujourd'hui ce pallade dans la personne de celui qui invente tant de nouvelles calomnies contre nous a l'occasion de la Bible de saint Jerôme que nous avons donnée au Public : mais nous esperons que l'entreprise de ce dernier n'aura pas plus de succez contre nôtre Edition du Canon Hebreu, que la malignité servile du premier en eut autrefois contre l'Auteur du même Canon de la verité Hebraïque.

Une seconde preuve que M. Simon n'a aucune connoîssance de l'Histoire des versions de saint Jerôme, est la raison qu'il apporte lui-même pour prouver que le Commentaire d'Hesychius a été reformé par un Moine Benedictin. Il veut qu'un Auteur Grec n'ait pû se servir d'une autre verſion que de celle des Septante, qui ſe liſoit dans l'Egliſe de Jeruſalem. C'eſt à dire, que nôtre Critique ne ſçait pas encore que la verſion de ſaint Jerôme faite ſur l'Hebreu avoit été traduite de Latin en Grec par ſon ami Sophrone, & que les Grecs l'avoient reçûë avec applaudiſſement. *Sophronius*, diſoit ſaint Jerôme dés l'année 394. *vir apprime eruditus opuſcula mea in Græcum eleganti ſermone tranſtulit; Pſalterium quoque & Prophetas, quos nos de Hebræo in Latinum vertimus.* Heſychius avoit ſi bien lû & ſi bien profité de ces Traductions de ſaint Jerôme, qu'il en imita même la diviſion des Verſets dans les Livres des Prophetes; & nous avons encore aujourd'hui la preuve de ce fait dans le 8. volume du Recueil des Critiques ſur l'Ecriture, *Heſychii Presbyteri*

Hierosolymitani duodecim Prophetarum distinctio in modum versuum. Il n'eſt donc pas étrange que cet Auteur Grec, qui a fait des Ouvrages entiers ſelon la methode de ſaint Jerôme, ſe ſoit ſervi quelquefois du texte de ſes verſions, & qu'il en cite quelques endroits dans ſon Commentaire ſur le Levitique.

Si M. Simon veut donc aiſément comprendre, qu'Heſychius tout Grec qu'il étoit a pû ſe ſervir des verſions de S. Jerôme, qu'il ſe ſouvienne 1. que Sophrone avoit mis en Grec la verſion Latine de ce Pere faite ſur l'Hebreu ; 2. que les Grecs avoient fort bien reçû cette Traduction de Sephrone: *Quod etiam Græci verſum de Latino poſt tantos interpretes non faſtidiunt ;* 3°. & qu'enfin c'étoit la coûtume des Auteurs Grecs de citer la verſion des Septante dans les Homelies

& diſcours familiers, au lieu que dans leurs commentaires & dans leurs Traitez ils expliquoient le Texte Hebreu & les verſions faites ſur ce Texte. C'eſt ce que ſaint Jerôme a remarqué en parlant d'Origene: *Qui quum in Homiliis ſuis, quas ad vulgum loquitur, communem Editionem ſequatur; in Tomis, id eſt, in diſputatione majori, Hebraica veritate ſtipatus, & ſuorum circumdatus agminibus, interdum linguæ peregrinæ quærit auxilia.*

C'eſt ce qu'il faloit ſçavoir pour concilier l'*Heſychius* Grec avec l'*Heſychius* Latin, & non pas avoir recours à des reformations fantaſtiques qui conduiſent inſenſiblement nôtre Critique dans une abyſme d'erreurs groſſieres & d'impoſtures toutes viſibles. Il veut être aſſez ignorant pour aſſurer qu'il n'y a qu'un Auteur Latin qui puiſſe dire dans le

Commentaire d'Hesychius, *præsens translatio ; nostra translatio habet* : & il est assez devoüé au mensonge & à l'imposture, pour traduire ces termes Latins en cette maniere, *On lit ainsi dans l'Edition Latine dont on se sert presentement, c'est ce que porte nôtre version Latine.* Il est fort aisé à nôtre Calomniateur de rendre suspect de falsification le Commentaire d'Hesychius, si on lui passe une traduction aussi fausse: mais il est impossible qu'il trompe aucun de ceux qui liront le même Commentaire dans l'Edition de Paris in 8°. 1581 parce que les moins éclairez verront d'abord qu'Hesychius ne veut rien dire autre chose par ces expressions, *presens translatio, nostra autem translatio*, sinon, *la version dont je me sers en cet endroit ; la Traduction que nous suivons dans ce Commentaire.* M.

Simon ne devoit donc point ſous pretexte de ſa fauſſe Critique, faire dire à Heſychius ce qu'il n'a jamais penſé, ni empêcher les Lecteurs de cet Auteur Grec de comprendre ſon veritable ſens dans la Traduction Latine. Mais quel moyen d'arrêter la main tremblante de ce fameux Ecrivain, qui s'imagine s'être aquis le droit de ſigner la condamnation de tous les Livres qui ne s'accordent pas avec ſes regiſtres, ou qui font connoître ſes erreurs & ſa mauvaiſe foi ?

Lors donc que *les plus ſçavans Critiques de nôtre ſiecle* ont crû qu'Heſychius s'étoit ſervi dans ſon Commentaire ſur le Levitique de la verſion de ſaint Jerôme faite ſur l'Hebreu, ils en ont porté un jugement tres-veritable & tres-equitable; & il n'y avoit que l'Anticritique de tous les bons Auteurs tant des nouveaux, que les anciens, qui peut ſe perſuader ſans aucune raiſon ſolide que le Commentaire d'Heſychius eſt l'Ouvrage d'un Reformateur qui l'a accommodé aux uſages de l'Egliſe Latine de ſon tems. Il veut bien ſe flatter pour cela qu'il n'y a que lui ſeul qui ait examiné à fond le Commentaire d'Heſychius ; & il oſe appeller *regles de Critique exacte*, des ſuppoſitions tres-fauſſes & des calomnies toutes viſibles. *Tous les extraits*, dit-il, *de nôtre Edition Latine qui ſont au devant de chaque Section & de l'interpretation d'Heſychius, ſont du Traducteur Latin.* Voila une ſuppoſition tres-fauſſe. *Mais comme il n'étoit pas poſſible*, ajoûte nôtre Critique, *que l'ex-l'explication du même Heſychius s'accordât toûjours avec nôtre Edition Latine, le Traducteur a retouché l'Ouvrage, & a aussi ajusté sa version aux paroles d'cet Auteur Grec par ces mots qu'il supplée immediatement aprés le Texte de nôtre Vulgate, quod* 70. *dicunt :* 70. *ediderunt : secundum Textum Septuaginta.* Voila des calomnies toutes visibles, dont il faut donner des preuves.

J'ai déja remarqué ci-dessus que Sophrone Auteur Grec avoit traduit en sa langue la version Latine de saint Jerôme faite sur l'Hebreu; & que les Grecs avoient bien reçu la Traduction du même Sophrone. Hesychius donc, qui aimoit extrêmement l'étude des Ecritures, les voïant traduites par un Chrêtien & un saint Prêtre, jugea fort sagement qu'il ne pouvoit mieux faire que de suivre cette version dans son Commentaire sur le Levitique : mais comme cet Ouvrage devoit être lû des Grecs qui étoient accoûtumez à voir le Texte de la version des Septante, Hesychius eut soin de leur en marquer les endroits differens de la version de saint Jerôme qu'il avoit choisie pour servir de Texte à son Commentaire. Dans ce dessein aprés avoir expliqué ce même Texte, il ajoûtoit fort souvent les Leçons des Septante, & disoit : *quod septuaginta dicunt. septuaginta ediderunt : secundùm Textum septuaginta.* Ces expressions sont si frequentes & dans la Préface & dans le corps du Commentaire d'Hesychius, que si c'étoit un Traducteur Latin qui eut suppléé ces mots, il faudroit dire qui ne reste rien du tout dans cet Ouvrage qu'on puisse attribuer à son premïer Auteur. Je ne donne point une moindre preuve de cette verité que la Préface entiere & toutes les pages du Commentaire dont nous parlons. On y voit par tout Hesychius si plein de la version & des autres Ouvrages de saint Jerôme, qu'il faut être plus aveugle qu'une taupe pour s'imaginer qu'on ait jamais rien changé ou retouché dans son Commentaire.

Mais enfin n'est il pas indubitable par les propres termes de M. Simon, que quand même les plus grands Critiques de nôtre siecle se seroient trompez à l'égard du Commentaire d'Hesychius, le Secretaire des Benedictins n'auroit rien dit d'extraordinaire en parlant du même Livre dans ses Prolegomenes de la Bibliotheque divine de saint Jerôme ? *Si Hesychius*, dit M. Simon, *n'avoit fait autre chose que de citer la version Latine de saint Jerôme sur l'Hebreu, comme il a fait celle d'Aquila, &c. Il n'y auroit rien en cela d'extraor-*

dinaire. Je n'ai donc rien avancé d'extraordinaire lorsque j'ai dit qu'Hesychius s'étoit servi de la version de Saint Jerôme faite sur l'Hebreu: car les preuves que j'en apporte ne signifient autre chose, sinon qu'Hesychius a cité de la version de saint Jerôme, comme il a fait celle d'Aquila de Symmaque & de Theodotion. *Ille igitur*, ai-je dit, en citant deux endroits où Hesychius cite lui-même la version de saint Jerôme, *lib.* 1. *Commentariorum in Leviticum*, *postquam attulisset versiculum* 30. *cap.* 4. *juxta Septuaginta interpretes :* Et tollet & ponet Sacerdos sanguinem peccati digito super cornua altaris holocaustomatis, *subdidit statim istæc de Hebraïca translatione* : Quod Hieronymus simili sensu edidit, dicens ; Tolletque Sacerdos de sanguine digito suo tangens cornua altaris.

Iterum

Iterum ad caput 19. ejuſdem Levitici tranſlationis Hieronymianæ ita recordatur: unde dicens, non levabitis nomen meum in injuſto, addidit; & non prophanabitis nomen Domini Dei veſtri. Quod Hieronymi tranſlatio edidit: Non pollues nomen Dei tui. *Idem Heſychius*, &c. Ce ſont là tous les temoignages dont je me ſuis ſervi pour prouver qu'Heſychius liſoit la verſion de ſaint Jerôme, & qu'il la citoit dans ſon Commentaire ſur le Levitique. A quoi ſert donc tout ce long galimatias de M Simon, qui bat la campagne depuis la page 35. de ſon libelle juſques à la page 47. ſans avoir rien dit qui ſoit propre à ſon ſujet & qui puiſſe detruire mes remarques touchant le Commentaire d'Heſychius? Toute ſa Critique eſt employée à prouver qu'Heſychius n'a pas fait ſon fond principal, dans ſon Commentaire, de la nouvelle verſion de ſaint Jerôme faite ſur l'Hebreu ; ce n'eſt donc pas contre moi qu'il a diſputé dans un ſi ennuyeux & inutile diſcours, mais contre les plus ſçavans Critiques de nôtre ſiecle qui ont crû que ce Prêtre de Jeruſalem s'étoit ſervi de nôtre Edition Vulgate. Un peu de jugement avec autant de bonne foi lui auroit épargné bien de la peine : mais il ſe plaît à battre ſur le fer & à faire grand bruit de ſon marteau, pourvû qu'il puiſſe par ſon travail troubler le repos & rompre la tête de ſes voiſins.

Pour ce qui regarde le myſtere que le même M. Simon nous a voulu decouvrir, p. 37. & 38. de ſa lettre Critique, il eſt important que je faſſe connoître aux Lecteurs combien ſon explication eſt cornuë & mal tournée.

Il a vû dans la Bibliotheque du Roi un Manuſcrit fort ancien du Commentaire d'Heſychius, lequel Manuſcrit eſt cotté 3805. & dont l'écriture, qui eſt d'une bonne main, paroît ancienne d'environ 800. ans. D'abord qu'il s'eſt apperçû qu'on avoit changé dans le titre de ce livre le mot *iſicii Hieroſolymitani*, en celui de *Salonitani*, il s'eſt erigé en Prophete, & il a deviné que cette alteration venoit d'un *ancien Reviſeur*, d'un *gratteparchemin*, d'un Moine noir; & ſans donner aucune preuve de ſon accuſation, il s'eſt flatté qu'on la recevroit comme les deciſions de l'Oracle.

Mais comme je ſuis antipode de cet Auteur, & que je n'ai jamais ajoûté foi à ſes revelations, j'ai voulu conſulter le même Manuſcrit pour diſcerner les fauſſes divinations d'avec les faits conſtans & indubitables. J'ai donc trouvé en effet que le Manuſcrit eſt fort ancien & fort bien conſervé ; qu'il a été écrit par un Religieux, & qu'il a appartenu à nôtre Monaſtere de Fleuri, d'où quelque voleur de Bibliotheques & de Manuſcrits anciens l'a peut-être enlevé, comme beaucoup d'autres dont nous regrettons tous les jours la perte. Un autre fait non moins certain, eſt que le Moine qui a copié le Manuſcrit, a mis le veritable titre du Commentaire, *Incipit liber Iſic i Hieroſolymitani in Levitico* ; & que ce n'eſt pas lui, ni les *anciens Reviſeurs* de ſon tems qui ont corrompu ce titre en mettant *Salonitani*, pour *Hieroſolymitani* : puiſque cette alteration n'eſt pas de la premiere main, mais d'une main poſterieure & aſſez recente. Enfin l'on peut donner pour un troisiéme fait certain, l'incertitude où l'on est si cette correction ou corruption s'est faite pendant que les Moines ont été les maîtres de ce Manuscrit; ou si elle n'a été faite que depuis le tems qu'il n'est plus dans leur Bibliotheque de Fleuri. Le genie de M. Simon lui a revelé brusquement que l'alteration est d'un *ancien Reviseur*; mais la prudence accompagnée de la bonne foi a dicté au Secretaire des Benedictins de suspendre son jugement, & de ne rien prononcer sur une chose aussi incertaine que celle-là. Je n'ai point d'autre réponse à faire contre la calomnie manifeste de nôtre fameux Critique, de ce *nouveau Reviseur* de Manuscrits & de Livres imprimez.

§. IV.

Objections de M. Simon contre une Note sur le grand Prologue de saint Ierôme.

J'Ai été surpris que nôtre Censeur, qui est si ardent à nous calomnier, & si attentif à tout ce qui lui paroît blâmable dans nos Ouvrages, n'ait pû trouver à critiquer quoi que ce soit depuis nos Prolegomenes jusqu'au commencement des Livres de Samuel. Il a passé sur une infinité de remarques que j'ai fait sur tous les Livres du Pentateuque, & sur les Livres de Josué & des Juges, sans avoir pû nous reprendre, ni se justifier lui-même en plusieurs endroits où il s'est trouvé noté & censuré dans nos mêmes remarques. N'ayant donc rien de bon à dire pour éclaircir quelqu'une de nos difficultez ni pour ſe défendre, il revient encore à ſes chanſons & à ſes injures, où aprés m'avoir reproché que *je m'érige en reformateur du genre humain,* il m'attaque ainſi ſur une de mes Notes.

Si Dom Martianay avoit vêcu au tems de ces anciens Doms Reviſeurs qui n'entendoient pas ſi bien leur metier que lui, nous aurions ſans doute un ſaint Jerôme entier de ſa façon. La note qu'il a faite ſur la Preface de ce Pere qui eſt à la tête des Livres de Samuel, & qui regarde tous les autres Livres de l'ancien Teſtament, en eſt une bonne preuve. Cet incomparable Critique aſſure que tout l'ordre des paroles de ſaint Jerôme eſt entierement renverſé dans cette Preface. Il pretend le retablir par les ſeules regles de la Critique, avoüant franchement que les Manuſcrits qu'il a lûs, & qui ſont au nombre de trente-quatre, lui ſont tous contraires. Il faut neanmoins lui rendre cette juſtice, que ſe contentant d'indiquer cette alteration, il a bien voulu épargner le texte imprimé, qu'il a conſervé, quoi qu'il ne doutât nullement qu'il ne fût alteré: *Hanc reſtitutionem quantumvis neceſſariam judicio noſtro noluimus permittere, &c.* En verité ce Dom reformateur a grand tort de ne pas uſer de ſon droit, & de ne pas retablir cette Preface de ſaint Jerôme, puiſqu'il eſt perſuadé qu'elle eſt entierement corrompuë.

Cependant aprés l'avoir examinée & luë plus d'une fois, je n'y ai rien trouvé de renverſé. Tout ce pretendu renverſement des paroles de ſaint Jerôme, n'eſt que dans l'eſprit du Critique, qui ne les aïant pas entenduës, les a reformées ſelon ſes idées. Le deſſein de ſaint Jerôme eſt de faire voir que les Juifs comptent 22. Livres de l'ancien Teſtament qui répondent aux 22. Lettres de leur Alphabet. Il ajoûte que les Caldéens & les Syriens ont un pareil nombre de Lettres dans leurs Langues : ce qu'il dit auſſi des Samaritains qui ont le Pentateuque de Moïſe écrit en Hebreu, & en autant de lettres, qui different ſeulement de celles des Hebreux, pour ce qui eſt de la figure & de certains petits traits ou pointes : *Samaritani etiam Pentateuchum Moyſi totidem litteris ſcriptitant, figuris tantùm & apicibus diſcrepantes.* Il aſſure de plus, comme une choſe conſtante alors parmi les Juifs, au moins parmi ceux qu'il avoit conſultez, qu'Eſdras au retour de la captivité inventa d'autres lettres, qui ſont celles dont les Juifs ſe ſervent preſentement dans leurs exemplaires de la Bible. Enfin ce ſaint Docteur aprés avoir encore prouvé ce même nombre de caracteres Hebreux par le Livre des Nombres, ajoûte que nous trouvons encore aujourd'hui dans quelques Exemplaires Grecs de l'Ecriture le nom de Dieu, qui contient quatre Lettres, écrit en ces anciens caracteres: *& nomen Domini tetragrammaton in quibuſdam græcis voluminibus uſque hodie antiquis expreſſum litteris invenimus.*

Le Secretaire des Benedictins qui a crû que ſaint Jerôme entendoit par ces mots *antiquis expreſſum litteris*, les Caracteres Samaritains, qui ſont ſelon le Pere les anciennes lettres des Hebreux, a jugé que tout l'ordre de la Preface étoit changé, parce qu'il n'y a aucune liaiſon entre le Livre des Nombres, ou ſont marquées d'une maniere myſtique ces 22. lettres, & entre les anciens caracteres des Samaritains. A quel propos, dit-il, ſaint Jerôme fait-il venir en cet endroit le grand nom de Dieu écrit en ces anciennes lettres dans quelques Exemplaires Grecs ? *Luxatum manifeſte deprehendet locum quicumque ſeriem orationis attenderit, &c.*

C'eſt ainſi que ce Reformateur faiſant raiſonner à ſa maniere & ſelon ſes propres idées, ſaint Jerôme prend la liberté de renverſer tout l'ordre des paroles de ce Pere. Il n'a pas vû que quand ce ſaint Docteur dit qu'on trouve dans quelques Exemplaires Grecs de la Bible le grand nom de Dieu *écrit en caracteres anciens*, il ne parloit pas des caracteres Samaritains, mais en general des caracteres Hebreux. Saint Jerôme compare en ce lieu-là les lettres Grecques avec les Hebraïques, & non pas les caracteres Hebreux des Samaritains avec ceux des Juifs. Les Grecs principalement aprés Origene, marquoient aux marges de leurs Exemplaires, *Iehova*, aux endroits où le mot de *Kurios*, *Seigneur*, qui étoit dans le Grec, répondoit au nom de *Iehova* dans l'Hebreu, pour indiquer qu'on lisoit en cet endroit-là le grand nom de Dieu, que les Septante, & les Apôtres aprés eux ont traduit par *Kurios*, *Seigneur*. Les Copistes Grecs qui n'avoient aucune connoissance des quatre lettres Hebraïques dont le nom de *Iehova* est composé, en substituerent en leur place quatre autres Grecques, sçavoit *Iod*, *he*, *vau*, *he*, qui avoient en effet quelque ressemblanee avec les Hebraïques. C'est dans cette vûë que saint Jerôme dans la Preface dont il s'agit, avertit ses Lecteurs, que le grand nom de Dieu qui est aux marges de plusieurs Bibles Grecques, est *écrit en caracteres anciens*, c'est-à-dire en earacteres Hebreux, & non pas en lettres Grecques. Tout ce qu'il dit avant cela montre seulement que l'Alphabet Hebreu des Juifs est composé de 22. lettres, & que les Caldéens, les Syriens & les Samaritains ont un pareil nombre de lettres dans leur Alphabeth, & il ajoûte à l'égard des derniers, que leurs caracteres sont les anciens caracteres des Hebreux. Le P. Martianay qui n'a point compris la pensée de saint Jerôme, lui fait dire assurément ce qu'il n'a point voulu dire, & sur ce fondement il reforme toute la Preface de ce Pere.

Réponse à cette Critique.

JE ne ſçai par quelles remarques je dois commencer la réponſe à cette Critique de M. Simon ; ſi c'eſt par faire voir ſes abſurditez & ſes contradictions ; ſi c'eſt par repouſſer ſes impoſtures & ſes fauſſes imputations ; ou ſi c'eſt enfin par faire connoître ſon ignorance & ſa ſtupidité dans l'explication qu'il donne aux paroles de la Preface de ſaint Jerôme. J'étois perſuadé depuis long-tems que nôtre Critique n'a aucune connoiſſance du veritable ſens des Ouvrages de ce ſaint Docteur, qui ſemble ne s'être jamais fié à M. Simon, *ipſe autem non credit ſemetipſum ei ;* parce qu'il ſçait qu'un Auteur emporté & ſans jugement comme celui-là, eſt capable d'abuſer de tout, & de lui faire dire en cent rencontres des choſes tout-à-fait contraires à ſes propres ſentimens: j'étois, dis-je, perſuadé de toutes ces choſes depuis que je me ſuis rendu familier ſaint Jerôme, & que j'ai tâché par l'aſſiduité de la lecture & de la meditation à découvrir les penſées de ce Pere, & le ſens le plus naturel de ſes excellens Ouvrages. Mais je n'ai pas plûtôt vû cette Critique de la *Bibliotheque divine*, & ſur tout la cenſure de ma Note ſur la Preface que ſaint Jerôme a mis à la tête des Livres de Samuel, que je me ſuis écrié, O le grand jugement! ô la bonne foi: ô l'admirable penetration d'eſprit de M. Simon!

En effet, où eſt le bon ſens quand aprés avoir été forcé de loüer ſon antagoniſte, & de dire : *Il faut neanmoins lui rendre cette justice que se contentant d'indiquer l'alteration, il a bien voulu épargner le texte imprimé, quoiqu'il ne doutât nullement qu'il ne fut alteré*, on ajoûte d'abord en parlant du même Texte : *Tout ce pretendu renversement des paroles de saint Ierôme n'est que dans l'esprit du Critique, qui ne les ayant pas entenduës, les a reformées selon ses idées?* Je n'ai pas touché au Texte, dit M. Simon ; & j'ai reformé toutes les paroles du même texte, dit encore ce Critique. Il se plaint que je n'ai pas usé de *mon droit de Reformateur*, & bien-tôt aprés usant lui-même du sien, c'est-à-dire usant du droit de forger des calomnies & d'écrire des absurditez, il m'accuse par une contradiction manifeste de renverser tout l'ordre des paroles de la Preface de saint Jerôme.

Il eſt important de le comparer à lui-même & d'oppoſer Simon à Simon ; afin que tout le monde ſoit témoin qu'il n'écrit que de pures extravagances, & qu'il détruit de la main droite ce qu'il avoit bâti de la main gauche. Voici donc ce qu'il avance avec ſes airs ordinaires de plaiſanterie, pag. 48. & 49.

« En verité ce Dom Reformateur a grand tort de ne pas uſer de ſon droit, & de ne pas rétablir cette Preface de ſaint Jerôme, puiſqu'il eſt perſuadé qu'elle eſt entierement corrompuë. »

Et enſuite pag. 51. « C'eſt ainſi que ce Reformateur faiſant raiſonner à ſa maniere & ſelon ſes propres idées, ſaint Jerôme, prend la liberté de renverſer tout l'ordre des paroles de ce Pere. »

Pag. 52. « Le Pere Martianay

» qui n'a point compris la pensée
» de saint Jerôme, lui fait dire
» assurément ce qu'il n'a point
» voulu dire, & sur ce fonde-
» ment il reforme toute la Pre-
» face de ce Pere.

Ne voilà pas un plaisant bien spirituel, un homme sage qui se suit bien dans ses discours, & un Critique qui s'accorde bien avec lui-même? On lui pardonneroit neanmoins plus facilement ses impertinences, si elles n'étoient pasmêlées de calomnies& d'impostures, dont il est juste de lui faire porter la confusion, en exposant aux yeux du Lecteur toutes les paroles de ma Note qu'il avoit si bonne envie de critiquer avec succés. Cette remarque se trouve dans nôtre 1. Tome des Ouvrages de saint Jerôme, col. 317. lettre b.

Luxatum manifeste deprehendet hunc locum quiquumque se-

riem orationis attenderit : nam quid attinet ad characteres Samaritanorum, quod in libro Numerorum sub Levitarum ac Sacerdotum sensu, supputatio litterarum viginti duarum mystice ostenditur? Quid etiam ad talem numerum, quod in quibusdam Græcis voluminibus nomen Dei tetragrammaton antiquis Hebræorum, id est, Samaritanis expressum litteris inveniretur? Ergo ut omnia ad sensum sibi cohæreant, tota istæc pericope: Et nomen Domini tetragrammaton in quibusdam Græcis voluminibus, usque hodie antiquis expressum litteris invenimus, *legenda ac reponenda videtur immediate ante illa superiora verba,* In libro quoque Numerorum, &c. *Hanc restitutionem quantumvis necessariam judicio nostro noluimus permittere, quia è triginta quattuor MSS. codicibus, quos in hoc opere diligenter contuli-*

mus cum editis libris, nullus hîc loci dissentiens invenitur ab alio; sed uno modo constanter universi legunt juxta seriem inversam. Itaque res hujusmodi lectorem curiosum monuisse sit satis.

Qu'on me dise presentement, s'il y a un homme de bon sens, un homme qui ait le sens commun, qui puisse m'accuser sur cette note que je suis persuadé que *toute la Preface de S. Jerôme est entierement corrompuë*; ou qui puisse me reprocher avec M. Simon, que je prens *la liberté de renverser tout l'ordre des paroles de S. Jerôme*, & que *je reforme toute la Preface de ce Pere.*

Je n'ai parlé uniquement que d'un petit renversement d'une Sentence & d'une seule phrase de la Preface de S. Jerôme, laquelle Sentence me paroîtroit mieux placée, si elle étoit devant la phrase qui la precede immediatement, & qui commence par ces mots, *In libro quoque numerorum.* Mais quoique ces deux Sentences me paruſſent mieux rangées ſi elles étoient dans l'ordre que j'ai marqué dans ma note, je me ſuis bien donné de garde de toucher au texte de la Préface, ou d'y changer l'ordre des periodes : me contentant d'avertir ſeulement le Lecteur de ce que j'ai trouvé dans les Manuſcrits, & de ce qui paroîtroit mieux rangé ſuivant la penſée même de S. Jerôme. Ne faut-il donc pas que M. Simon ait un front d'airain pour oſer me faire dire ce que je n'ai jamais ni écrit, ni dit, ni penſé ?

Mais il plaît à ce fameux Critique de me faire dire des choſes auſſi contraires à la verité qu'elles le ſont à mes propres ſentimens ; & il prend pour prétexte de cette impoſture un nouveau ſens qu'il donne à la Preface de S. Jerôme, quoique ce ſaint Docteur condamne expreſſement ce faux ſens de nôtte Critique, & qu'il explique mot pour mot dans un autre endroit les paroles de la Preface, dont il s'agit, en la même maniere que je les ai expliquèes. M. Simon pretend donc, pag. 51. de ſon libelle, que *je n'ai pas vû que quand S. Jerôme dit qu'on trouve dans quelques Exemplaires Grecs de la Bible le grand nom de Dieu* écrit en caracteres anciens, *il ne parloit pas des caracteres Samaritains, mais en general des caracteres Hebreux*. Mais ſi je trouve ailleurs dans les ouvrages même de S. Jerôme que les *Caracteres anciens*, dont il eſt parlé en cette Preface ſont les *Caracteres Samaritains*, pour qui doit paſſer M. Simon dans l'eſprit des perſonnes ſages & les honneſtes gens?

Ouvrons donc les Commentaires de S. Jerôme ſur le Chapitre 9. du Prophete Ezechiel, pour y voir la deciſion de nôtre differend, & pour ſçavoir ſi ce ſaïnt Docteur n'appelle pas les caracteres Samaritains, *les caracteres anciens* des Hebreux: *Et ut ad noſtra veniamus*, dit-il, *ANTIQVIS HEBRÆORVM LITTERIS, quibus uſque hodie utuntur Samaritani, extrema Thau littera crucis habet ſimilitudinem, quæ in Chriſtianorum frontibus pingitur, & frequenti manus inſcriptione ſignatur.*

Aprés ce paſſage nous n'avons plus beſoin que d'un peu d'eau beniſte pour chaſſer les demons, ces peres du menſonge. M. Simon ſemble craindre aſſez l'eau beniſte, puiſque ſelon le bruit qui court depuis long-tems, ſes anciens parroiſſiens ſe plaignoient toûjours que leur Curé ne faiſoit jamais l'eau benite. S. Jerôme vient de nous enſeigner à faire le ſigne de la croix contre le monſtre d'erreur & du faux ſens que nôtre cenſeur tâchoit de faire gliſſer dans les ouvrages de ce ſaint Docteur ; un ſçavant homme de ces derniers ſiecles nous va préter auſſi de l'eau benite pour achever de le chaſſer de la Preface de S. Jerôme, où ce monſtre pourroit encore chercher quelque coin pour s'y cacher & faire peur aux ignorans.

C'eſt le ſçavant *Schindlerus*, Auteur du Lexicon pentaglotte des Langues Orientales, lequel traitant à fond du grand nom de Dieu יהוה *Iehova*, a pris le ſens des paroles de la Preface de ſaint Jerôme, de la même maniere que je l'ai expliqué dans ma Note. Car il dit en termes exprés que le grand nom de Dieu, qui s'écrivoit en quelques

quelques exemplaires Grecs de la Bible, étoit écrit en caracteres Samaritains, comme S. Jerôme le témoigne en son grand Prologue, & en son Epître 136. *Olim ponebatur & in Græcis quibusdam Bibliis, & quidem charactere Samaritano .... de quo Hieronymus in Prologo Galeato & Epist. 136.*

Il est donc indubitable & par les propres termes de saint Jerôme, & par le témoignage des plus sçavans dans la Langue Hebraïque, que le même saint Jerôme appelle *caracteres anciens*, les *caracteres Samaritains*, dont il parle dans sa Preface qui est à la tête des Livres de Samuel; & qu'il n'y a jamais pretendu comparer les caracteres Hebreux en general, avec les caracteres Grecs: mais seulement les anciens caracteres Hebreux, qui sont les Samaritains, avec ceux qu'Eſdras avoit inventez ou changez au retour de la captivité des Juifs de Babylone. S'il étoit neceſſaire d'ajoûter de nouvelles preuves pour confirmer l'explication que j'ai donnée à ces paroles de ſaint Jerôme, *antiquis expreſſum litteris*, je pourrois citer les *Capels*, les *Druſius* & les *Vvaltons*, qui rapportent tous les termes dont nous parlons, pour montrer que les caracteres Samaritains, ſont les anciens caracteres des Hebreux. Mais j'en ai déja aſſez dit pour faire tomber la Critique de M. Simon, & pour faire connoître au public que ſon libelle a toutes les qualitez des méchans livres, & qu'il n'en a aucune de celles qui pourroient lui faire honneur.

§. V.

Objections de M. Simon contre une citation d'un mot Hebreu.

PAg. 52. & ſuiv. C'eſt ſur ce même pied que les anciens Moines Benedictins, qui ſe ſont érigez en Critiques avec un fort petit fond de litterature, ont biffé & gratté tant de parchemins. Le nouveau Critique va encore plus loin qu'eux: il ne s'eſt pas contenté d'attribuer à ſaint Jerôme les fauſſes leçons de ſes parchemins alterez, il a la hardieſſe de citer, comme pur & veritable, un texte Hebreu dont l'alteration ſaute aux yeux, tant il eſt exact à rapporter ce qu'il a lû dans les Livres manuſcrits. Comme il importe beaucoup de ne pas combattre les Juifs par des fauſſetez, je ne ferai aucune difficulté de vous marquer l'endroit où le Secretaire des Benedictins se sert dans ses notes d'un parchemin biffé & alteré par quelque Chrêtien, faisant valoir à son ordinaire ce parchemin reformé. C'est au vers. 17. du Pseaume 21. où il y a dans l'ancienne édition latine : *foderunt manus meas & pedes meos.* Les Juifs d'aujourd'hui, comme vous sçavez, traduisent *sicut leo*, au lieu de *foderunt*, parce qu'ils lisent dans l'Hebreu *Caari* & non pas *Caru.* Mais la pluspart des Commentateurs Chrêtiens, ceux-mêmes qui appuyent le plus les Exemplaires des Juifs, pretendent avec raison que l'ancienne version est *caru*, *foderunt.* Si Dom Martianay s'en étoit tenu là, il n'auroit avancé rien que de bien sensé. Mais dans la vûë qu'il a eu de refuter le P. Pezron qui a accusé peu judicieusement les Juifs d'avoir corrompu exprés le texte Hebreu de la Bible, il s'est servi d'une fausseté manifeste pour confondre, dit-il, quelques Ecrivains modernes, qui avancent bien des sottises, assurant que cet endroit a été corrompu par la malice des Juifs, il est à propos que j'avertisse le Lecteur curieux, qu'un Manuscrit Hebreu de la Bibliotheque de M. Colbert, cotté 626. conserve encore aujourd'hui la pure & veritable leçon. Car on n'y lit pas, *Caari*, mais, *Karu*, selon l'ancienne Leçon qui est celle du Prophete. *Monendus est Lector curiosius ad confusionem Neotericorum quorumdam scriptorum, qui multas garriunt nugas, obtendentes præsentem litteram malitiæ Iudæorum esse corruptam, in Biblioth. Colbert. inveniri adhuc codicem MS. Hebræum num. 626.*

qui puram & primævam retinet lectionem: in eo enim non legimus Kaari hodiernum exscriptorum sed Karu antiquum & propheticum.

Où est la bonne foi du Secretaire des Benedictins qui ose imposer de la sorte à ses Lecteurs ? Le Manuscrit de la Bibliotheque de M. Colbert, qui n'est pas fort ancien, a été manifestement retouché: on y lit, comme dans les Exemplaires des Juifs d'aujourd'hui *Caari ;* mais on a fait ensuite du *jod*, qui a été allongé, un *vau.* Ce qui est si évident qu'on voit encore sortir du *vau*, la petite queuë du *jod.* Le Correcteur ne se soucioit pas apparemment qu'on sçût qu'il avoit reformé exprés ce mot ; & c'est ce qui fait juger que la correction est de la main d'un Chrêtien, qui a voulu rendre conforme la Leçon de ce mot, qui eſt de quelque importance, aux verſions des plus anciens Interpretes.

Je veux même convaincre le P. Martianay par ſes propres paroles, de ne rapporter pas fidelement les manuſcrits qu'il cite. Aprés la remarque qu'il vient de faire, il ajoûte auſſi-tôt que le mot de *Karu* a été corrigé dans le Manuſcrit de M. Colbert avec tant de ſoin que la lettre *aleph*, qui eſt ſuperfluë, quand on joint les points voïelles aux mots Hebreux de la Bible, eſt marqué d'un obele ou petit trait, ſans qu'il y ait aucun point deſſous cette lettre. Ce qui prouve manifeſtement, dit-il, que le verbe *Karu* n'eſt composé que de trois lettres, & qu'il faut lire *Karu* ſans *aleph*, & alors il ne peut ſignifier autre choſe que *foderunt*. *Tantâ cum diligentiâ emendatum* [verbum

Caru] *ut aleph quod in hac voce servile est ac superfluum, ubi puncta vocalia adhibentur, obelo seu apice quodam superiori juguletur ac confodiatur, nulloque puncto inferiori notetur, quo manifeste docemur verbum* Karu *his tribus tantum elementis constare caph, resch, quod non aliud significare valet, quàm foderunt.* Mais ce petit trait qui est d'une autre main que la lettre *aleph*, est une preuve manifeste que le Juif qui a copié le MS. a lû *caari*, comme les Juifs lisent presentement dans leurs exemplaires ; en sorte que l'obele ne peut venir que d'un Chrêtien qui a reformé ce mot selon ses prejugez ; & parce qu'il croïoit que la lettre *aleph* étoit superfluë, il ne l'a pas seulement marqué d'un petit trait ; mais il a aussi biffé le point voïelle qui étoit sous cette lettre : & de plus il a dans cette vûë allongé le *jod* pour en faire un *vau*, comme je l'ai déja remarqué. Voïez, je vous prie, vous-même le MS. de M. Colbert. Il ne faut que des jeux & une tres-mediocre connoiſſance de la Langue Hebraïque pour y découvrir tout d'un coup ce que je viens de vous dire.

Au reſte je ne crois pas que le P. Martianay ait lui-même reformé ce Manuſcrit, comme il eſt habile dans ſon métier, il n'auroit pas laiſſé ſortir ſi viſiblement de la lettre *vau* la queuë du *jod*. Car en grattant fort legerement le parchemin à l'endroit de la pointe de cette petite queuë, il n'auroit paru aucune marque de la lettre *jod*. Mais le Chrêtien qui a accommodé ce mot à la Leçon qu'il croïoit veritable & originale, a bien voulu qu'on reconnût ſa correction. Il n'y a que le Secretaire des Benedictins qui puisse s'imaginer qu'un Juif en soit l'Auteur. Il a crû que Dom Pezron qu'il attaque en ce lieu-là, n'y regarderoit pas de si prés. Les Chrêtiens ont des preuves tres-fortes pour deffendre contre les Juifs cette ancienne Leçon *Caru* sans recourir à des faussetez. R. Jacob Haiim qui a fait imprimer la massore avec les grandes Bibles Hebraïques de Bombergue, assure qu'il l'avoit trouvé dans de bons Exemplaires MSS. Isaac Levita sçavant Juif converti & Professeur en Hebreu à Cologne, appuie de toute sa force le témoignage de R. Jacob, lorsqu'il nous aprend, qu'il avoit vû autrefois chez son pere un Psautier Hebreu où on lisoit dans le texte *Caru*, & à la marge *Cari*. Il ne doute pas qu'il n'y eut autrefois *Caru*, dans tous les Exemplaires Hebreux: *Hoc idem ego Ioannes Iſaac ipsâ veritate & bona conſcientiâ teſtari poſſum, quod hujuſmodi pſalterium apud avum meum viderim, ubi in textu ſcriptum erat* Caru, *& in margine* Cari, *& ita omnia olim exemplaria habuiſſe haud dubito.* Vous remarquerez que dans cet ancien Exemplaire on liſoit *Caru* avec la lettre *aleph.* Car comme le même Iſaac Levita ajoûte, cette même lettre *aleph* ſe met ſouvent dans l'Hebreu pour la voïelle camets : *cum ſæpius aleph hic pro vocali camets ponatur*, & il en donne des exemples. Enfin la petite maſſore, autrement la maſſore marginale, nous fournit encore une forte preuve de l'ancienne Leçon, *Caru*, & elle ſuppoſe en même tems qu'il faut conſerver la lettre *aleph*, que le Reformateur du Manuſcrit de M. Colbert a marqué d'un obele ou petit trait.

Réponse à cette Critique.

J'Attendois avec impatience d'être arrivé à cet endroit, pour me justifier de la mauvaise foi que M. Simon voudroit tant m'imposer; & pour appeller en témoignage de la verité & de la fidelité de mes citations, tout ce qu'il y a dans Paris de gens de probité, qui sçavent lire l'Hebreu, & qui voudront bien se donner la peine d'aller jetter les yeux sur le Manuscrit de la Bibliotheque de M. Colbert, cotté ci-dessus 626. Je souhaiterois de tout mon cœur, que tous les Sçavans du monde, & particulierement les Sçavans de Hollande, où le libelle de nôtre Calomniateur a été imprimé, pussent être témoins d'une accusation faite avec tant d'effronterie que je ne croi pas qu'on ait jamais vû parmi les hommes une calomnie ſembla-ble.

Je n'ai donc point d'autre ré-ponſe à faire ſur une calomnie ſi noire & ſi digne de M. Simon ſon Auteur, que de prier tous ceux qui ont quelque zele pour les intereſts de la verité, & qui peuvent être juges dans cette af-faire ; de vouloir bien prendre la peine d'examiner en toute ri-gueur le Manuſcrit Hebreu dont nous parlons. S'il ſe trouve que j'aye dit un ſeul mot dans ma note, qui ne ſoit pas ſelon la pu-re verité, je me condamne moi-même dés à preſent comme un homme qui eſt ſujet à citer à faux toute ſorte de Manuſcrits, & qui ne merite pas qu'on ajoû-te foi à ce qu'il dit, même dans les choſes de la derniere conſe-quence. Mais d'un autre côté, je demande cette juſtice au public, de tenir M. Simon pour le plus effronté de tous les Calomniateurs de nôtre ſiecle, ſi l'on trouve que je n'ai rien avancé qui ne ſe juſtifie à l'ouverture du Manuſcrit cotté 626. dans la Bibliotheque de M. Colbert.

Il s'agit donc de ſçavoir ſi j'ai dit la verité, lorſque j'ai fait cette remarque ſuivante, col. 850. de la Bibliotheque divine de ſaint Jerôme : *Sed monendus eſt lector curioſus.... in Biblioth. Colbert. inveniri adhuc codicem MS. Hebræum num.* 626, *qui puram ac primævam retineat lectionem : in ea enim legimus, non* כארי caari *hodiernum exſcriptorum, ſed* כארו caru *antiquum & propheticum; tantaque cum diligentia emendatum, ut* א aleph, *quod in hac voce ſervile eſt & ſuperfluum, ubi puncta vocalia adhibentur, obelo ſeu apice quodam ſuperiori juguletur ac confodiatur, nulloque puncto inferiori notetur: quo manifeſte docemur verbum* caru, *ſeu* Karu, *his tribus tantum elementis conſtare* כרו*; quod non aliud ſignificare valet quàm* foderunt. *Id legebat Hieronymus, idipſum quoque Scoliaſtes Canonis Hieronymo recentior. Hoc denique ſcriptum ſemper fuit in antiquis ac veracioribus Hebræis voluminibus, uti fidem nobis facit laudatum jam exemplar MS. Colbertinæ Bibliothecæ, in quo ſcribitur* כארו *cum camets ſub Caph, & cum Schurec intra vav. Quod obloquutorum os plane occludit.*

Ie ne m'amuſe point à faire des reflexions ſur cette note pour la rendre intelligible. Elle dit clairement & diſtinctement qu'il y a un Manuſcrit Hebreu dans la Bibliotheque de M. Colbert, qui conſerve la pure & ancienne leçon, *Karu*; & non pas la nouvelle, *Kaari*, que des Copiſtes recens ont fait gliſſer dans les Exemplaires Hebreux de la Bible. Ma note dit de-plus, que le mot Hebreu a été corrigé avec tant d'exactitude, qu'on y voit un petit trait au deſſus de la lettre *aleph*, pour marquer que cet *aleph* doit être retranché comme inutile & ſuperflu, à cauſe du point voïelle qui ſe trouve deſſous le *caph* precedent ; & que le même *aleph* n'a plus aucun point au deſſous. Enfin ma Note avertit encore le Lecteur, que le mot *Karu*, a un *camets* ſous la premiere lettre *caph*; & un *vav* à la fin du mot, avec un point *ſchurec* au milieu du même *vav*. Voilà tout le fait avec toutes ſes ciconſtances.

M. Simon s'inſcrivant en faux contre ma citation & contre ce fait, aſſure le contraire; & il dit des choſes pag. 54. de ſon libelle, qui vont ſurprendre tous ceux qui auront des yeux & qui verront le Manuſcrit. *Où eſt*, dit-il, *la bonne foi du Secretaire des Benedictins qui oſe impoſer de la ſorte à ſes Lecteurs? Le Manuſcrit de la Bibliotheque de M. Colbert, qui n'eſt pas fort ancien, a été manifeſtement retouché: On y lit, comme dans les Exemplaires d'aujourd'hui caari, &c.*

Tout nôtre differend conſiſte donc à ſçavoir ſi on lit preſentement dans le Manuſcrit de M. Colbert, *Karu*, comme je le ſoûtiens; ou ſi on y lit, *caari*, comme M. Simon oſe l'aſſurer en termes exprés.

Au reſte je ne demande pas ſeulement juſtice au public contre cette inſigne impoſture de M. Simon; mais je prie encore les Lecteurs de conſiderer qu'il falſifie beaucoup de paroles de ma Note, en même tems qu'il m'accuse d'être un faussaire, & d'écrire des faussetez pour imposer à mes Lecteurs. Il a donc fourré dans mes remarques cette fausse & impertinente phrase à laquelle je n'ai jamais pensé, *Obtendentes præsentem litteram malitia Iudæorum esse corruptam....* & puis un peu plus bas : *his tribus elementis tantum constare caph, resch quod non aliud, &c.* Je n'ai jamais écrit cela, comme quinze cens cinquante Exemplaires de la Bibliotheque divine de saint Jerôme en sont de bons garans. Qu'on questionne donc M. Simon, & qu'on l'oblige à montrer dans ma Note les termes absurdes qu'il y fait glisser. S'il ne le fait, il doit passer pour un faussaire public, & pour un Auteur qui n'est bon qu'à corrompre les meilleurs livres, même ceux qu'il a tant d'envie de décrier.

Je pourrois encore demander juſtice pour Simon contre Simon : car il s'eſt tellement abandonné à l'eſprit de vertige, qu'il ne peut plus écrire deux douzaines de mots ſans ſe contredire lui-même. Il dit par exemple qu'on lit *caari* dans le Manuſcrit de M. Colbert ; mais qu'on a fait enſuite du *jod*, qui a été allongé un *vav*. S'il n'y a donc plus de *jod* dans le mot conteſté, & ſi cet *jod* a été changé en *vav*, comment peut-il pretendre devant ceux qui connoiſſent ſeulement les lettres Hebraïques, qu'on lit *caari*, & non pas *Karu* ? C'eſt ici qu'on doit dire ſans crainte de ſe tromper, *excæcavit te malitia tua.*

Il eſt dur aſſurément d'être traité de fauſſaire, quoi qu'on n'ait rien écrit que de tres-conforme à la verité : mais on ne doit pas s'étonner ſi l'envie des esprits mal-faits se déchaîne aujourd'hui contre nous ; puisque nous voïons que les plus grands hommes, & les plus sçavans Peres & saints Docteurs n'ont pas été hors des atteintes de la medisance & de la calomnie. Saint Jerôme s'en plaint fort souvent, & il témoigne qu'il a eu à combattre de son tems des critiques du caractere de M. Simon. *Nunc autem*, dit ce grand Docteur, *quia juxta sententiam Salvatoris volo operari cibum qui non perit, & antiquam divinorum voluminum viam sentibus virgultisque purgare; mihi genuinus infigitur, corrector vitiorum falsarius vocor, & errores non auferre, sed serere.* Si nôtre Critique a jamais appris à faire meditation, il pourra s'y entretenir sur cette matiere, & se convaincre que le metier qu'il fait à present est fort ancien, quoi qu'il y ajoûte beaucoup de choſes de ſon invention & de ſon propre eſprit.

Si le tems me le permettoit je pourrois outre ce que je viens de dire , découvrir un deſſein de vengeance dans l'accuſation de M. Simon. Je lui ai reproché dans une Note ſur un paſſage du 21. chapitre de Joſué, qu'il avoit cité à faux l'exemplaire Hebreu de Theodore, où il dit que les Juifs ont effacé deux Verſets du même 21. chap. de Joſué ; quoique ces deux Verſets s'y trouvent encore , à l'exception de deux ou trois mots qui ne ſont pas eſſentiels, & qui ne ſe liſent pas dans d'autres Exemplaires Hebreux. Cette remarque, qui a fait connoître au public la mauvaiſe foi de M. Simon , lui a inſpiré de ſe venger en cherchant quelque citation d'un Manuſcrit Hebreu où je fuſſe tombé dans le même cas. Mais, Dieu merci, mes citations sont aussi differentes de celles de ce grand Critique, que la verité l'est du mensonge, & la lumiere des tenebres.

Enfin nous sommes si antipodes cet Auteur & moi, que je m'engage à prouver sur les Manuscrits de la Bibliotheque du Roi, de celle de M. Colbert & de celle des Peres de l'Oratoire de la ruë saint Honoré, que M. Simon n'a jamais eu aucune veritable connoissance des Manuscrits Hebreux, & que ce qu'il avance au chapitre 22. du Livre 1. de sa Critique historique du vieux Testament, doit être tenu pour des chimeres & des pures rêveries d'un Critique qui decide de tout en dormant. Je passe encore plus avant, & je promets de lui montrer sur ses propres principes, que le Manuscrit Hebreu de M. Colbert a été corrigé par un Juif, & qu'il l'a été dans le même tems qu'il fut écrit. Mais je veux que quand je le convaincrai de toutes ces choſes, qu'il y ait un nombre de Sçavans avec nous; car s'il n'y avoit que lui & ſon ami, ils inventeroient des contes ridicules ſur tout ce qu'ils auroient vû & entendu; & jamais le public ne ſçauroit la verité des choſes qui ſe ſeroient paſſées entre nous. Ce qui nous reſte à dire va perſuader les Lecteurs, que j'ai raiſon de demander des témoins & même un Notaire, quand il s'agit de parler avec M. Simon, qui ne rapporte jamais les faits comme ils ſont arrivez, & qui a toûjours des fauſſetez toutes prêtes pour les ajoûter à la verité de l'hiſtoire.

Conclusion de cette Réponse aux Objections de M. Simon.

JE suis si ennuïé de transcrire le libelle de M. Simon, & d'être obligé à ne copier que ls injures & les calomnies d'un Critique emporté, que j'ai pris le parti de ne rapporter précisément que les chefs de ses accusations & des reproches qu'il me fait dans les dernieres pages de sa lettre. Je rejette donc parmi les ordures les *raisons peremptoires* du *Naudé* de M. Simon; & pour ce qui est de ses vieux *Gallons* & de ses bouteilles, il peut les attacher à la queuë de quelque chien & courir aprés dans les ruës, afin de faire rire les sots & les ignorans.

Ce Critique se plaint donc que je lui fais injure sur la fin de mon troisiéme Prolegomene de la la Bibliotheque divine de saint Jerôme, où sans le nommer j'ai fait connoître au public, qu'il étoit fauxfilé avec Spinosa & avec d'autres impies qui ont osé enseigner que Moïse n'est pas Auteur des Livres du Pentateuque. Il traite d'imposture la remarque suivante: *Fausto igitur indicio Criticum hominem invasit tremor ad præsentiam Canonis veritatis Hebraicæ, quo deinceps profligandi sunt universi qui Mosen negant auctorem fuisse sacrorum voluminum Pentateuchi*; & il croit s'être bien justifié de ce reproche dans quelque endroit de son Traité de l'inspiration des Livres sacrez, pendant qu'il laisse faire plusieurs éditions de sa critique Historique du vieux Testament, sans avoir soin d'y corriger ses premieres erreurs, & de s'y retracter de tant de fausses raisons qu'il avance pour prouver que Moïse n'est pas l'Auteur du Pentateuque.

M. Simon devroit se souvenir du sujet qui l'a fait chasser & expulser de l'Oratoire ; & ne pas se plaindre que je lui impose en le mettant au rang de ceux qui abusent des passages de l'Ecriture. Qu'il lise encore une fois sa Critique du vieux Testament , il y trouvera plusieurs raisonnemens semblables à ceux de Spinola, appuïez sur les mêmes textes de l'Ecriture dont cet impie s'est servi en combattant la Tradition de l'Eglise. Et afin qu'il ne m'impose pas d'être le premier qui l'a repris de toutes ces choses, il est bon de le renvoïer à M. Arnaud, qui a écrit long-tems avant nous, & qui parle en ces termes de M. Simon : » N'est ce pas une chose » des plus certaines dans l'une & » dans l'autre Religion la Judaïque & la Chrêtienne, que « Moïse est l'Auteur du Penta- « teuque ? Et ç'a été le pre- « mier chef-d'œuvre de ce grand « Critique, d'en avoir voulu fai- « re douter, aussi bien que ces « deux impies Hobbes & Spino- « sa. «

Le 1. Livre de Critique de « M. Simon, qui est son Histoi- « re Critique du vieux Testa- « ment, fut trouvé si méchant « dés qu'il parut par des person- « nes tres-habiles & tres-zelées « pour les veritables interests de « la Religion, que l'on jugea « qu'il le faloit suprimer. Ce qui « y choqua davantage fut la har- « diesse avec laquelle il assuroit « que la plus grande partie du « Pentateuque n'étoit pas de « Moïse. Car rien n'est plus ex- « prés que ce qu'il en dit en la « page 17. de l'édition de Ro- « terdam, liv. 1. chap. 2. . . . La «

» *maniere*, dit M. Simon, *dont* » *l'Histoire qui est contenuë dans* » *le Pentateuque est composée*, » *semble insinuer cette verité*, *&c.* » Cette pretenduë verité scan- » dalisa également les Catholi- » ques & les Protestans. Il n'y » eut que quelques Sociniens & » Deistes qui s'en accommode » rent, parce que c'étoit marcher » sur le pas de leurs chefs Hobbes » & Spinosa. Voïez le reste dans la sixiéme partie des difficultez proposées à M. Steiaert, pag. 117. & 239.

M. Dupin a fait aussi les mêmes reproches à nôtre fameux Critique, cinq ou six ans avant l'édition de la Bibliotheque divine de saint Jerôme, Il ne le separe point de Hobbes ni de Spinosa, & il croit avoir répondu aux objections de M. Simon, quand il a détruit le systeme des preuves que ces impies ont prétendu tirer des paſſages de l'Ecriture. Il faut ajoûter à ces « Auteurs M. Simon (dit M. « Dupin , Diſſert. prelim. pag. « 68.) qui a composé un Livre « intitulé *Hiſtoire Critique du* « *vieux Teſtament.* Je n'avois pas « voulu le nommer dans la pre- « miere édition de ce volume, « quoique j'euſſe refuté ſes rai- « ſons. Mais puiſqu'il s'eſt de- « claré lui-même dans la lettre « qu'il a écrite à M. *l'Abbé P. D.* « *& P. en Theologie* , il ne doit « pas trouver mauvais que je l'at- « taque nommément , & que je « faſſe voir que ſon ſyſteme tou- « chant les Livres de Moïſe , n'eſt « pas moins temeraire ni moins « dangereux que celui de Spino- « ſa , &c.

Je n'avois pas non plus voulu nommer M. Simon , lorſque je fus obligé de le traiter de *Sycophanta* , ni lorſque je dis qu'il avoit tremblé de peur en voïant les notes marginales du Canon Hebreu. Mais puisqu'il s'est declaré lui-même dans la lettre qu'il a écrite à M. l'Abbé B** il ne doit pas trouver mauvais que je l'attaque nommément, & que je fasse voir qu'il s'est acquis par ses libelles le titre & la qualité d'un veritable *Sycophanta*, d'un veritable *calomniateur*. Car au lieu de demander pardon d'avoir tres-mal traité le saint Abbé Etienne de Cîteaux, il a encore la hardiesse de declamer injurieusement contre le soin & l'exactitude dont usa ce bon Religieux pour corriger un exemplaire de la Bible qu'il avoit fait transcrire, & qu'il destinoit à l'usage de sa sainte Congregation.

Je vais donc rapporter en peu de mots l'Histoire de cette correction, & ce que j'ai dit pour ſa défenſe contre les inſultes de M. Simon. Il a mêlé lui-même tant de faux ſens & tant de fauſſes ſuppoſitions dans l'explication qu'il en a donnée, que je m'étonne qu'une critique de ce caractere n'ait pas autant de Juges qui la condamnent, que de Lecteurs qui en ont ſeulement parcouru les premieres & les dernieres pages.

Le 1. fait regarde le ſoin admirable qu'apporta Eſtienne Abbé de Cîteaux dans la correction d'un Exemplaire de la Bible ; il s'en eſt expliqué lui-même en cette maniere : *Hanc Hiſtoriam ſcribere diſponentes, inter plurimos libros, quos de diverſis Eccleſiis congregavimus, ut veraciorem ſequeremur ; in quemdam ferè ab omnibus multum diſſonantem impegimus. Et quia illum pleniorem cæteris invenimus, fidem ei accommodantes, hanc hiſtoriam ſecundum quod in eodem libro invenimus, ſcripſimus. Quâ digeſtâ, non modice de diſſonantia Hiſtoriarum turbati ſumus. . . . . . Vnde nos multum de diſcordia noſtrorum librorum, quos ab uno Interprete ſuſcepimus, admirantes, Iudæos quoſdam in ſua Scriptura peritos adivimus, ac diligentiſſime lingua Romana inquiſivimus de omnibus illis Scripturarum locis . . . . Quapropter Hebraicæ atque Chaldaicæ veritati, & multis libris Latinis qui illa non habebant, ſed per omnia duabus illis linguis concordabant, credentes, omnia illa ſuperflua prorſus abraſimus.*

Eſtienne de Cîteaux nous apprend donc trois ou quatre choſes dans ce que je viens de rapporter. La premiere eſt, qu'il avoit ramaſſé de diverſes Egliſes une grande quantité d'exemplaires de la Bible, pour faire copier celui qui lui paroîtroit le plus exact & le plus fidele. Secondement il nous apprend, que parmi ce grand nombre d'Exemplaires il s'y en trouva un plus ample & plus étendu que les autres, & que c'est celui qu'il fit copier ; parce qu'il crut d'abord que c'étoit le plus veritable. Troisiémement il dit qu'il fut troublé voïant une si grande difference entre cet Exemplaire & entre tous les autres ; & que c'est ce qui l'obligea d'aller consulter de sçavans Juifs, pour apprendre d'eux quels des Exemplaires Latins étoient conformes au Texte Hebreu. Enfin il nous assure que les Juifs aïant ouvert leurs Bibles n'y trouverent point les versets & les autres parties qui se lisoient dans l'Exemplaire Latin plus ample que les autres ; & que cela le détermina à rayer dans son Exemplaire tous ces endroits superflus, & à le rendre conforme aux autres Bibles Latines. Voilà la maniere dont fut faite la correction de la Bible des premiers Peres de Cîteaux.

Je demande presentement à tous les Lecteurs judicieux & bien-intentionnez, si l'on peut rien ajoûter au soin, à la diligence, à la prudence & à la bonne foi qu'Estienne de Cîteaux apporta dans cette occasion pour avoir un Exemplaire correct de la Bible de saint Jerôme? M. Simon n'a donc point aucune excuse legitime d'avoir calomnié plus d'une fois les travaux des premiers Peres de Cîteaux, & d'avoir voulu faire passer pour un attentat la correction de la Bible faite par les soins de leur saint Abbé.

Le second fait contre lequel M. Simon s'est si fort recrié, &

dont il se plaint si amerement dans son dernier libelle, consiste en de certains termes de mes Prolegomenes sur la Bible de saint Jerôme. Il est vrai que je l'y ai traité de *Sycophanta*, de *calomniateur*, & je reconnois plus que jamais que ce titre appartient à nôtre fameux Critique. Si cette qualité lui déplaît si fort, qu'il cesse de calomnier les Saints & les pecheurs, & l'on changera de langage à son égard. Il le feroit sans doute s'il vouloit se souvenir de cette belle leçon de l'Apôtre : *Nolite errare .... neque ebriosi, neque maledici, neque rapaces, regnum Dei possidebunt.* Que nôtre Critique ne s'y trompe donc point, un *medisant*, un *calomniateur* ne sera jamais heritier du Roïaume de Dieu.

Au reste les Lecteurs me dispenseront de rapporter ici ce qui fut dit de part & d'autre le jour que M. Simon nous rendit visite pour avoir la communication de nos Manuscrits. Il est si accoûtumé à nier la verité des faits, qu'il ne manqueroit pas de contredire hardiment tout ce que je pourrois écrire selon la pure verité. Je dirai seulement ce qui se passa à l'occasion de la note qui le fit trembler. Il m'avoit soûtenu d'abord qu'il n'y avoit personne qui ne pût retablir par la force de son esprit l'ancienne division des versets de l'Ecriture ; & moi je soûtenois au contraire, qu'il étoit impossible de le faire sans le secours de nos Manuscrits où cette division est observée. Là-dessus je lui ouvris le Canon Hebreu de saint Germain, & lui fis cette question : Auriez vous, Monsieur, retabli par la force de vôtre esprit la division de ces versets

ſets du Livre de Job ? Comme il heſitoit un peu, & qu'il n'oſoit me repondre, je lui dis encore tout bonnement : Mais que diriez-vous, ſi je vous faiſois voir dans ce manuſcrit des notes qui coupent bras & jambes à M. Simon & aux Spinoſiſtes, qui ont oſé ſoûtenir que Moïſe n'eſt pas l'Auteur des Livres du Pentateuque ? Alors je lui montrai la note ***in tranſitu Jordanis***, qui ſe voit au commencement du Deuteronôme ; & il me sembla en même tems que celui que je ne connoiſſois pas étoit devenu tout troublé & tout tremblant : mais je ne me ſouviens pas que le Manuſcrit lui tombât des mains, comme il l'aſſure dans ſon libelle. Je paſſe ſous ſilence toute la ſuite de cette Hiſtoire, parce que je n'ai eu pour temoins de mes paroles, que M. Simon avec ſon compagnon, qui ne manqueroient point de nier hardiment tout ce que je pourrois raconter.

Je me ſuis preſque oublié du reproche mal fondé que me fait M. Simon pag. 47. de ſa Lettre. où il dit que je me ſuis *erigé en reformateur du genre humain.* Il eſt vrai que quand je me ſuis mis en état de donner une nouvelle Edition des Ouvrages de ſaint Jerôme, j'ai eu deſſein de corriger les anciennes, & de ne point épargner les fautes ni de celle d'*Eraſme*, ni de celle de *Marianus* : mais je n'ai jamais eu la preſomtion d'entreprendre de reformer le genre humain. Quand il n'y auroit au monde qu'un homme fait comme M. Simon, je tiendrois cette reforme impoſſible : ainſi je n'ai garde d'y ſeulement penſer. Ce que je croi avoir mieux fait, c'eſt d'avoir prevenu par mes ſoins &

par mon travail une Edition des Ouvrages de Saint Jerôme que nôtre fameux Critique meditoit depuis long tems. L'Eglise Catholique me doit sçavoir gré d'avoir empêché ce coup mortel : car enfin que seroit-ce qu'un Saint Jerôme reformé de la main de M. Simon ?

Pour finir donc cette reponse à la *Critique de la Bibliotheque divine de Saint Jerôme*, je n'ai plus rien à dire que ce que disoit Saint Pierre en reprenant le fameux Simon ; & je ne changerai qu'un seul mot dans les paroles du Prince des Apôtres : *Critica tua tecum sit in perditionem .... in felle enim amaritudinis video te esse.*

FIN.

www.ingramcontent.com/pod-product-compliance
Ingram Content Group UK Ltd.
Pitfield, Milton Keynes, MK11 3LW, UK
UKHW020545180726
13838UKWH00001B/57

9 782329 352787